www.entdecke.de

Entdecke
die Pilze
Marco Thines

Für Mira und Laura

ISBN: 978-3-86659-484-5

An der Kleimannbrücke 39/41
48157 Münster
Tel.: 0251-13339-0
Fax: 0251-13339-33
E-Mail: verlag@ms-verlag.de
Home: www.ms-verlag.de
Geschäftsführung: Matthias Schmidt
Layout: Isabell Büchter
Lektorat u. Bildredaktion: Kriton Kunz
Druck: Drusala, Frýdek-Místek

Titelbild: Shutterstock: Gertjan Hooijer
Rückseite: Shutterstock: Aksenova Natalya
Vorsatz: mauritius images: Arterra Picture Library / Alamy

mauritius images
S.1: GFC Collection / Alamy
S.5 unten: Jon Benedictus / Alamy
S.6 Mitte: nature picture library / Alex Hyde
S.13 Mitte: nature picture library / Alex Hyde
S.14 oben: Terry Mathews / Alamy
S.14 unten: James R Gibson / Alamy
S.16 oben: Bard Loken
S.20 unten: SDym Photography / Alamy
S.23-3: Hakan Soderholm / Alamy
S.26/27: Hakan Soderholm / Alamy
S.30/31: Hakan Soderholm / Alamy
S.31 oben: Custom Life Science Images / Alamy
S.33 oben: Science Source / Biophoto Associates
S.33 Mitte: Memento
S.35 oben links: MARKA / Alamy
S.38/39: nature picture library / Alex Hyde
S.38 unten: JUAN CARLOS MUÑOZ / Alamy
S.39 Mitte: Minden Pictures / Mark Moffett
S.40 Mitte: World Book Inc.
S.44/45: Stephen Barnes/Namibia / Alamy
S.48 oben: Grant Heilman Photography / Alamy
S.50 oben: Anatoliy Berislavskiy / Alamy
S.53 unten: Christian Weinkötz / Alamy

shutterstock
S.2/3: ASCHW
S.4: Dmytro Tyshchenko
S.5 oben: Stefan Schug
S.6/7: Oxford_shot
S.6 oben: LifeCollectionPhotography
S.7 oben links: Julija Kumpinovica
S.7 oben rechts: LucVi
S.8/9: luchschenF
S.8 oben links: Nowaczyk
S.8 oben rechts: Fotografiecor.nl
S.9 oben links: samray
S.9 oben r.: Pablo Rodriguez Merkel
S.10 oben: Alex Tarassov
S.10 Mitte: Sonsedska Yuliia
S.10 unten: Potapov Alexander
S.12/13: Henri Koskinen
S.12 oben: yamaoyaji
S.12 Mitte: iwciagr
S.13 oben: NK-55
S.16/17: Ahmed Al-khamisi
S.17 oben: Ihor Hvozdetskyi
S.17 Mitte: Kichigin
S.18/19: LeManilo
S.20/21: A. Storm Photography
S.21 unten: Dr. Norbert Lange
S.22/23: Petar B photography
S.22-1: vic_nick
S.22-2: 4649
S.22-3: Jaroslav Machacek
S.22-4: J Need
S.22-5: godi photo
S.23-1: J Need
S.23-2: Luciana Tancredo
S.24/25: ressormat
S.24 unten: ppl
S.25 Mitte: godi photo
S.25 u: Patnaree Asavacharanitich
S.26 oben: Matthias Brix
S.27 oben: Kichigin
S.28 oben: Gertjan Hooijer
S.28 Mitte: weinkoetz
S.28 unten: bogdan ionescu
S.29 oben: Heiko Kueverling
S.29 Mitte: Somogyi Laszlo
S.30 oben: Martin Fowler
S.31 Mitte: LariBat
S.32: Mirko Graul
S.34: apiguide
S.35 oben rechts: Natalia Baran
S.35 unten: PattyPhoto
S.36/37: PrasongTakham
S.37 rechts: Rini Kools
S.39 u: Kevin Wells Photography
S.40 oben: Lapis2380
S.40 unten: Thy
S.41 Mitte: Guajillo studio
S.41 unten: Belish
S.42: RussieseO
S.43 oben: Nataly Studio
S.43 unten: Marsan
S.44 oben: Chantelle Bosch
S.44 Mitte: Chantelle Bosch
S.45 Mitte: Kati Finell
S.46 links: Nickolai Repnitskii
S.46 unten: Chamille White
S.48/49: Artiste2d3d
S.48 Mitte: imageBROKER.com
S.50 unten links: Alex Coan
S.51 oben: Kazakov Maksim
S.51 unten: Vlad Siaber
S.52 oben links: Richard Semik
S.52 unten: Karl Allgaeuer
S.53 oben: Filippo Bellantoni
S.53 Mitte: photobeps
S.54/55: Rattiya Thongdumhyu
S.54 unten: Madlen
S.55 oben: Zapylaiev Kostiantyn
S.55 unten: alexkatkov
S.56 oben: Billion Photos
S.56 unten links: Maridav
S.56 unten rechts: Vladeep
S.57 unten links: Happy Lenses
S.57 rechts: RHJPhtotoandilustration
S.58/59: Dmytro Ostapenko
S.60 o: Miriam Doerr Martin Frommherz
S.60/61: luchschenF
S.61 oben: kavida
S.63: Dewin ID
S.64: Nitr

Sonstige:
S.11 oben: Marco Thines
S.11 unten: Dr. Bao-Kai Cui
S.15 oben links: Marco Thines
S.15 oben rechts: Anthony Buaya
S.15 Mitte: Roger Shivas
S.19 oben: Marco Thines
S.36 Mitte: Rita Lüder
S.37 oben: Nina Fabert
S.47 (2): Simon Egli, WSL
S.49 oben: Marco Thines
S.50 unten rechts: Rita Lüder
S.51 Mitte rechts: Image Republic Inc. / Alamy Stock Photo
S.52 oben rechts: Norbert Heine

Inhaltsverzeichnis

Willkommen im Reich der Fadenwesen! 4

Nicht Tier und nicht Pflanze 10

Scheinpilze und Schleimpilze 12

Pilze überall! 16

Leben im Verborgenen 18

Verborgene Schönheit – Pilze unter dem Mikroskop 20

Pilze in allen Formen und Farben 22

Bunte Vielfalt – Färben mit Pilzen 24

Trickreiche Ausbreitung 26

Pilzinvasionen 28

Die heimliche Müllabfuhr 30

Chemische Waffen 32

Volksheilkunde 34

Feurio! 36

Ameisenpilze und Pilzameisen 38

Ungeliebte Untermieter in Pflanzen 40

Was schimmelt da? 42

Solargetriebene Pilze 44

Das waldweite Netz 47

Giftpilze 50

Essbare Pilze 52

Ohne Pilz kein Brot! 54

Biotechnologie 56

Extra: Ein Pilzgarten für zu Hause 58

Extra: Großes Pilze-Quiz 62

Pilze sind faszinierende Lebewesen!

Willkommen im Reich der Pilze!

Hast Du gewusst, dass das größte Lebewesen der Erde ein Pilz ist? Oder dass es viel mehr Pilzarten als Pflanzenarten gibt? Dass die meiste Zitronensäure nicht aus Zitronen, sondern aus einem Schimmelpilz gewonnen wird? Dies sind nur ein paar der vielen erstaunlichen Dinge, die über Pilze kaum bekannt sind.

Pilze sind überall auf der Erde zu finden. Sie leben im Wald, auf Wiesen, im Garten und in Häusern – aber auch in der Wüste, in der Antarktis, in Steinen, in der Tiefsee und im Darm von Käfern. Meistens bleiben sie uns verborgen, da ihre Sporen (was das ist, erfährst Du später) so klein sind, dass man sie mit bloßem Auge kaum sehen kann. Und ihre Pilzfäden, die das Pilzgeflecht (Myzel) bilden, sind 20-mal dünner als ein menschliches Haar. Bei den meisten Arten bekommst Du daher nur die Fruchtkörper zu sehen, also das, was man gewöhnlich als „Pilz“ bezeichnet – also in etwa so, als würde man von einem Apfelbaum nur die Äpfel erblicken. Das, was verborgen im Boden, in Baumstümpfen oder in Pflanzen lebt, ist nämlich sehr viel mehr als das, was ab und zu als Steinpilz oder Fliegenpilz in Erscheinung tritt.

Viele Pilze sehen gar nicht so aus, wie wir uns einen typischen Pilz vorstellen. Hier siehst Du den Ästigen Stachelbart.

Manche Arten zeigen leuchtende Farben, wie hier die Violette Korallenkeule

Der Birnenrost, den Du hier als gelbe Flecken siehst, ist ein Pflanzenparasit

Die hübschen Kelchbecherlinge leben in den Tropen auf totem Holz

Viele Pilze sind Parasiten beispielsweise von Blütenpflanzen und können großen Schaden anrichten. In Deutschland gibt es vermutlich mehr Arten dieser Pflanzenparasiten als Pflanzenarten. Manche Pflanzen können gleich von mehreren auf sie spezialisierten Pilzen und Scheinpilzen attackiert werden, so zum Beispiel der Bocksbart – gleich fünf spezialisierte Parasiten fühlen sich hier zu Hause.

Pilze sind aber auch sehr nützlich – zum Beispiel als Partner von Bäumen, Sträuchern und Kräutern, denen sie Nährsalze im Austausch gegen Zucker liefern. Darüber hinaus stellen Pilze Stoffe her, die Bakterien am Wachsen hindern, die Antibiotika. Ohne Pilze müssten auch heute noch jeden Tag Tausende von Menschen an Krankheiten sterben, die mit Antibiotika aus Pilzen leicht zu behandeln sind. Aber auch für andere Zwecke hat sich der Mensch die Pilze zunutze gemacht, so zum Beispiel in der Bäckerei. Keine Pizza und kaum ein Brot könnten ohne den für die Menschheit wichtigsten Pilz produziert werden – die mikroskopisch kleine Bäckerhefe.

Weshalb der Scharfe Korkstacheling auch Blutender Korkstacheling genannt wird, kannst Du sicher leicht erraten

Von Pilzen inspiriert ist diese Anlage in der spanischen Stadt Sevilla

Den Klebrige Hörnling oder Ziegenbart findest Du das ganze Jahr über an totem Nadelholz, beispielsweise an moosüberwachsenen Baumstümpfen

Viele Pilze entwickeln sehr bizarre Formen, wie diese Art auf der asiatischen Insel Borneo

An einen gefrorenen Wasserfall erinnert der Igel-Stachelbart

In den vergangenen Jahrzehnten werden Pilze auch immer mehr in der Biotechnologie eingesetzt. So stellen sie beispielsweise Zutaten für Waschmittel und Zitronensäure her und sollen in Zukunft auch Verpackungsmaterial, Kraftstoffe für Verbrennungsmotoren und sogenannte Plattformchemikalien produzieren – das sind Stoffe, aus denen zahlreiche andere nützliche Dinge hergestellt werden können.

Über Pilze gibt es also viele spannende Dinge zu erfahren und noch viel Neues zu entdecken. Mehr dazu kannst Du in den nächsten Kapiteln lesen – viel Spaß dabei!

Schon immer spielen Pilze eine Rolle in der Ernährung des Menschen. Hier wird der Braune Kräuterseitling angebaut.

Der Zedern-Apfelrost befällt als Parasit in den USA Apfelbäume und Bleistiftzedern

Auch der skurrile Darwins Golfball-Pilz lebt parasitisch. Er befällt Südbuchen.

Uralt!

Die ältesten Versteinerungen von Pilzen sind rund eine Milliarde Jahre alt. Zum Vergleich: *Tyrannosaurus rex* lebte vor „nur“ rund 67 Millionen Jahren.

Nicht Tier und nicht Pflanze

Pilze gibt es schon seit sehr langer Zeit. Früher glaubte man, sie seien eine Art Pflanze, da sie meist fest mit dem Boden, Holz oder anderen Dingen verbunden sind. Aber die Wand der Zellen von Pilzen besteht wie der Panzer von Insekten aus Chitin. Die Zellwand von Pflanzen dagegen ist aus Zellstoff (Zellulose) aufgebaut. Darüber hinaus speichern Pilze Zucker nicht wie Pflanzen als Stärke, sondern als einen Stoff, den man als Glykogen bezeichnet und der sich in ganz ähnlicher Form auch bei Tieren findet. Und wenn Pilze bewegliche Zellen ausbilden, haben diese zur Fortbewegung eine einzelne Peitschengeißel, wie dies auch bei tierischen Fortpflanzungszellen der Fall ist, und nicht zwei, wie bei Pflanzenzellen. All dies weist darauf hin, dass Pilze näher mit Tieren verwandt sind als mit Pflanzen.

Riesen und Zwerge

Es gibt riesengroße Pilz-Fruchtkörper, zum Beispiel den Titanen-Termitenpilz aus Sambia und Tansania in Afrika. Sein Hut ist so groß, dass Du ihn bequem als Regenschirm verwenden könntest. Manche Pilze dagegen bilden auch winzige Fruchtköper, etwa der Farn-Helmling oder der Buchenblatt-Helmling. Sie werden nur wenige Millimeter groß.

Pflanzen, Tiere und Pilze bilden jeweils ein eigenes Reich der Lebewesen

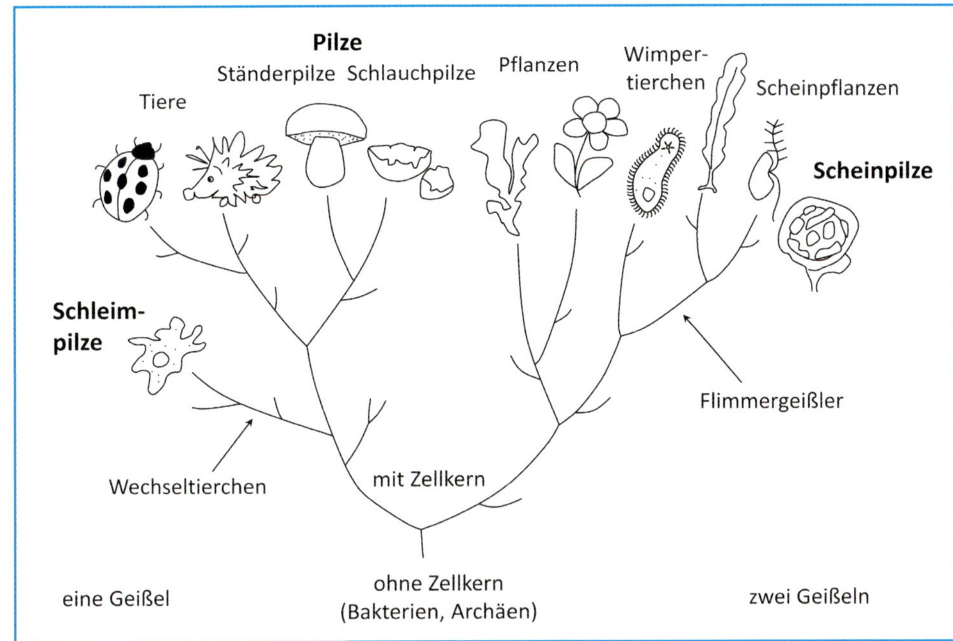

Hier siehst Du einen einfachen Stammbaum der Lebewesen, darunter auch Pilze, Schleimpilze und Scheinpilze

Tatsächlich konnten Wissenschaftler in den vergangenen Jahrzehnten viele weitere Hinweise finden, dass Tiere und Pilze sich aus einem gemeinsamen Vorfahren entwickelt haben. Heute weiß man, dass sich die Entwicklungslinien der Pilze und der Tiere vor rund einer Milliarde Jahren (tausend mal eine Million Jahre!) trennten. Aber trotz dieser unvorstellbar langen Zeit haben Pilze und Tiere noch eine Menge Gemeinsamkeiten behalten.

Das deutsche Wort „Pilz" lässt sich übrigens über das althochdeutsche „buliz" aus dem Wort „boletus" herleiten, dem lateinischen Begriff für „Pilz". Und *Boletus* ist noch heute der wissenschaftliche Name für die Gattung der Steinpilze. In Süddeutschland und Österreich ist auch der Begriff „Schwammerl" verbreitet, in der Schweiz „Schwämmli". Damit wird darauf angespielt, dass der Pilzfruchtkörper in seiner Beschaffenheit einem Schwamm ähnelt.

Fruchtkörper-Gigant

Eulchen Xabi berichtet Dir auf Seite 10 von riesigen und winzigen hutförmigen Fruchtkörpern. Das ist aber noch gar nichts gegen die Fruchtkörper mancher anderen Arten, die nicht hutförmig sind, sondern eher wie große, lang gestreckte Kissen wachsen. Rekordhalter darunter war ein Ellipsenförmiger Feuerschwamm aus China. Sein Fruchtkörper maß fast elf Meter Länge, über 80 Zentimeter Breite und war rund fünf Zentimeter dick. Sein Gewicht wurde auf 400 bis 500 Kilogramm geschätzt. Einen kleinen Teil davon siehst Du hier auf dem Foto.

Schleimpilze bilden manchmal solche Geflechte auf totem Holz

Weltweit verbreitet ist der farbenfrohe Rotköpfige Schleimpilz

Scheinpilze und Schleimpilze

Neben den echten Pilzen gibt es noch eine ganze Reihe verschiedener Lebewesen, die ebenfalls als Pilze bezeichnet werden, obwohl sie gar nicht mit ihnen verwandt sind. Die artenreichsten Gruppen davon sind die Schleimpilze und die Scheinpilze. Bevor wir uns den eigentlichen Stars dieses Buches zuwenden, den echten Pilzen, wollen wir einen Blick auf diese eigentümlichen Lebewesen werfen.

Schleimpilze

Schleimpilze können riesige Zellen ausbilden, die sogenannten Plasmodien. Während normalerweise einzelne Zellen so klein sind, dass man sie mit bloßem Auge gar nicht sehen kann, können Plasmodien einen ganzen Esstisch bedecken und enthalten statt eines einzigen Zellkerns Millionen davon. In diesen riesigen Zellen geht es drunter und drüber. Das Zellplasma, aus dem das Plasmodium besteht, vermag langsam dorthin zu fließen, wo es am meisten Nahrung gibt.

Auf diese Weise können sich die oft farbenfroh gefärbten Plasmodien auf Wanderschaft begeben, um Beute zu finden. Diese kann so klein sein wie einzelne Bakterien oder so groß wie ein ausgewachsener Fliegenpilz. Dazu überwächst der Schleimpilz seine Nahrung und verdaut sie dann.

Traubenähnlich hängen die Fruchtkörper des Gelben Schleimpilzes herab

Dieser Schleimpilz wird oft „der Blob" genannt. Auf kürzester Strecke erreicht er seine Nahrung, wie hier Haferflocken, die er bereits überwachsen hat

Die meisten Schleimpilze bleiben winzig klein, wie Du hier im Vergleich mit der Bleistiftspitze erkennst

Die großen Schleimpilze nennt man manchmal umgangssprachlich auch „Blob". Blobs sind so gut darin herauszufinden, wo es am schnellsten zur Nahrung geht und wo am meisten davon ist, dass es schon fast so scheint, als wäre der Blob sehr schlau. Wenn er in ein Labyrinth wächst und am Ende ein Stückchen Futter gefunden hat, zieht er den Rest des Plasmodiums auf dem allerkürzesten Weg durch das Labyrinth. Bietet man ihm zwei Futterstücke an, widmet er dem größeren immer mehr Aufmerksamkeit als dem kleinen. Das liegt aber nicht daran, dass der Blob intelligent wäre, sondern er kann in seinem Plasmodium sehr gut Signale darüber weitergeben, wo am meisten Futter vorhanden ist, woraufhin sich das Plasmodium entsprechend zusammenzieht.

Wenn sich Schleimpilze über genug Futter hergemacht haben, bilden sie hübsche Fruchtkörper. Darin umgeben sich die einzelnen Zellkerne mit einer schützenden Wand – die sogenannten Sporen entstehen. Diese können dann vom Wind zu einem neuen Ort geweht werden, an dem die Sporen auskeimen und dabei das Geheimnis preisgeben, worum es sich bei Schleimpilzen eigentlich handelt – nämlich um Amöben, auch Wechseltierchen genannt. Das sind kleine Einzeller, die ihren Umriss laufend ändern, um Nahrung zu umschließen und aufzunehmen. Und wenn sich zwei passende Amöben finden, bilden sie wieder ein riesiges Plasmodium, und alles beginnt von Neuem.

Der aus Amerika stammende Signalkrebs wurde in Europa ausgesetzt. Leider brachte er die Krebspest mit, einen Scheinpilz, der die heimischen Flusskrebse fast ausrottete.

Scheinpilze

Scheinpilze scheinen Pilze zu sein – sie wachsen wie Pilze, sie leben wie Pilze, sie bilden Sporen und man findet sie fast überall, wo auch Pilze vorkommen. Und doch sind sie mit Pilzen gar nicht verwandt, auch nicht mit Tieren oder Pflanzen. Stattdessen gehören sie zu einem ganz eigenen Reich des Lebendigen, den Flimmergeißlern. Zu den Flimmergeißlern zählen zum Beispiel die Braunalgen, die Kieselalgen und die Goldalgen. Diese können zwar auch wie Bäume und andere grüne Pflanzen mithilfe von Licht aus Wasser und Kohlenstoffdioxid Zucker herstellen, sind aber mit Landpflanzen nicht verwandt.

Die Flimmergeißler sind also eine Gruppe, in der viele Lebensformen unabhängig entstanden sind: pflanzenähnliche, pilzähnliche und auch solche, die Amöben und einzelligen Tieren ähneln. Man spricht dabei von konvergenter Evolution, das heißt der Entstehung von ganz ähnlichen Lebensformen über die Jahrmillionen hinweg, weil eine Anpassung an eine ähnliche Umwelt eine ganz ähnliche Lebensweise ergeben hat.

Scheinpilze gibt es wie die Pilze fast überall – in der Antarktis, im Meer, in der Wüste, im Hochgebirge und in den tiefsten Seen. Viele Scheinpilze können auch als Parasiten in Pflanzen leben, und das sogar häufig unentdeckt. Oft sieht man sie erst, wenn sich ihre kleinen „Bäumchen" strecken, die aus den Atemöffnungen der Pflanzen herauswachsen und Sporen bilden. Oder wenn sich am Stängel und den Blättern kleine, weiße Pusteln zeigen. Diese Parasiten nennt man Falsche Mehltaue (das sind die mit den kleinen Sporenbäumchen) und Weißroste (das sind die mit den weißen Pusteln). In der Natur überleben die meisten Pflanzen eine Infektion mit Scheinpilzen, auch wenn Millionen neue Sporen gebildet wurden, die dann mit dem Wind zu neuen Pflanzen getragen werden.

Hier hat ein anderer Scheinpilz einen Lachs befallen, der Fischschimmel

Ein Blick durch das Mikroskop: Solche kleinen „Bäumchen“ bilden Falsche Mehltaue.

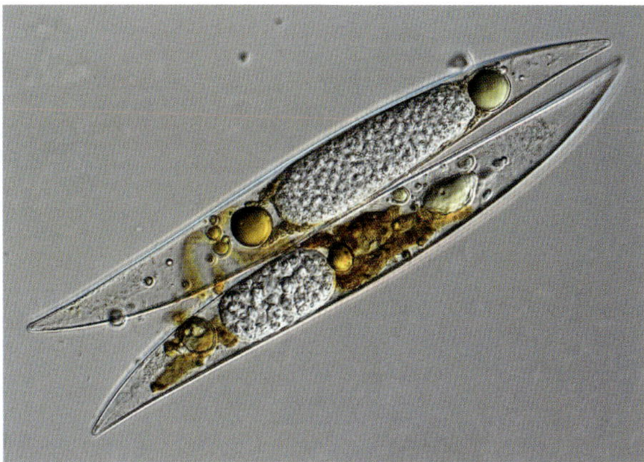

Kieselalgen bilden mehr Sauerstoff als alle Wälder der Erde. Auch in ihnen können Scheinpilze parasitieren.

Sowohl Falsche Mehltaue als auch Weißroste können nur als Parasiten lebender Pflanzenzellen existieren, von denen sie ernährt werden. Um den Winter zu überstehen, wachsen einige in unterirdische Pflanzenteile ein oder in Samen. Viele Scheinpilze bilden zudem im Pflanzengewebe feste Sporen, die den Winter überdauern können. Diese haben oft hübsche Muster auf der Oberfläche, anhand derer sich viele Arten unterscheiden lassen.

Ganz viele Scheinpilze leben aber auch frei im Wasser und bewachsen heruntergefallene Samen, Früchte und Blätter. Sie schaffen das oft schneller als Pilze, da sie Schwärmersporen bilden, die sehr gut schwimmen können und mit einer Art Geruchssinn rasch die neuen Futterquellen finden. Wenn Du einmal einen Scheinpilz sehen möchtest, kannst Du einfach eine Handvoll Schlamm in eine alte Schüssel oder ein Glas geben, es halb mit Teichwasser füllen und ein paar Sesamkörner auf der Oberfläche schwimmen lassen. Schon nach wenigen Tagen siehst Du im Wasser um das Sesamkorn herum die weiß schillernden Fäden eines Scheinpilzes. Das funktioniert übrigens auch mit toten Fliegen, die vielleicht auf einer Fensterbank oder in einem Lampenschirm liegen.

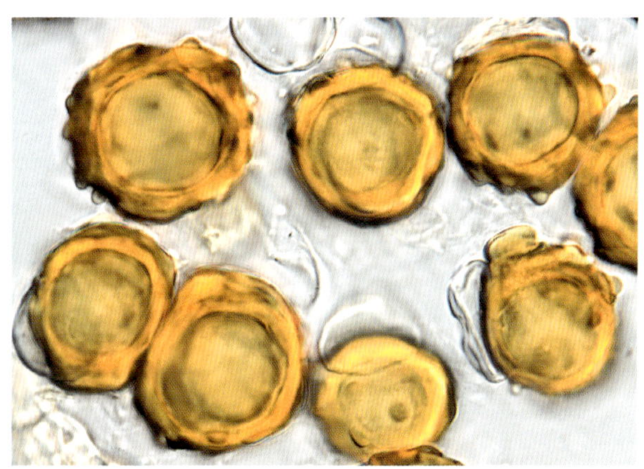

Hier siehst Du unter dem Mikroskop die dicken Sporen, mit denen Scheinpilze überdauern können, bis sie auf einen neuen Wirt stoßen

Eipilze

Dauersporen sind so etwas wie befruchtete Eier, aus denen im Frühling ein neuer Scheinpilz keimen kann. Daher nennt man die Scheinpilze auch Eipilze.

Hier leben Pilze in Flechten bei eisigen Temperaturen in Norwegen

Pilze überall!

Es gibt kaum einen Ort auf der Erde, an dem Leben existiert, der nicht auch von Pilzen besiedelt würde. Sie leben in heißen Quellen genauso wie im Eis, fliegen als Sporen kilometerweit in den Himmel und dringen mit ihren Pilzfäden metertief in Felsgestein ein. Pilze wachsen im Meer und in den trockensten Wüsten der Welt. Auf und in jedem Tier, jeder Pflanze und jedem Großpilz leben Pilze. Einige können Krankheiten auslösen, andere sind wichtige Partner, sogenannte Symbionten, ohne die zum Beispiel viele Termiten und viele Käfer kein Holz verdauen könnten.

Andere Pilze helfen Pflanzen bei der Aufnahme von Wasser und Nährsalzen, wieder andere schützen ihre Wirte, das heißt die sie beherbergenden Lebewesen, vor Tieren, die sie fressen wollen.

In einem Teelöffel Waldhumus finden sich auf engstem Raum mehrere Kilometer Pilzfäden, die sogenannten Hyphen. Gemeinsam bilden sie das Pilzgeflecht (Myzel) eines Pilzes. Es gibt vermutlich mehr als fünfmal so viele Pilzarten wie Pflanzenarten. So genau weiß das niemand.

Nach Regenfällen wachsen sogar in der Wüste des Sultanats Oman in Arabien essbare Pilze!

Aber man hat an Orten, wo man genau wusste, wie viele Pflanzen dort vorkommen, nachgeschaut, wie viele Pilze zu finden sind. Und das waren dann fast überall in Europa und Nordamerika rund fünfmal so viele Pilze wie Pflanzen. Insgesamt gibt es wahrscheinlich mehr als eine Million Pilzarten.

Die allermeisten Pilzarten haben dabei noch nicht einmal einen Namen – sie warten darauf, entdeckt und von Wissenschaftlern genau beschrieben zu werden. Erst danach können sie einen Namen erhalten. Man schätzt, dass mindestens neun von zehn Arten noch nicht entdeckt worden sind. Und um diese Pilze aufzuspüren, muss man noch nicht einmal eine Expedition in die entlegensten Ecken der Erde durchführen. Wenn Du einmal an einem regnerischen Tag von einem Waldspaziergang nach Hause kommst, könnte ein Pilzforscher allein in der Erde, die an den Sohlen klebt, mit etwas Glück und Geschick ein paar neue Pilzarten finden – auch in Deutschland sind die meisten Pilzarten noch unbekannt!

Die meisten Pilze mögen es feucht, so wie hier der Nitrat-Helmling

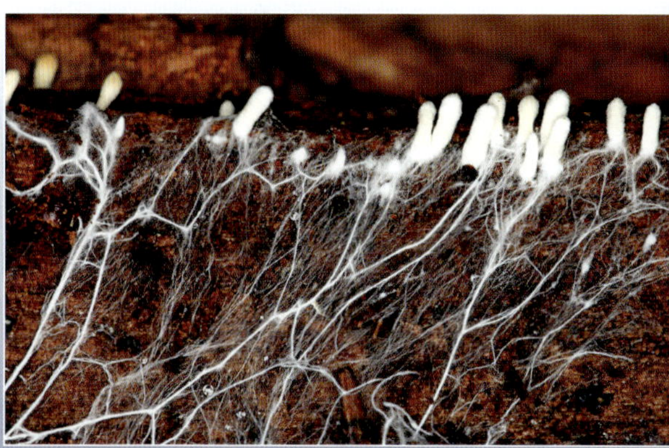

In einem einzigen Teelöffel Waldhumus finden sich mehrere Kilometer Pilzfäden!

Wissenschaftliche Namen

Auf der Welt gibt es so viele Lebewesen und so viele verschiedene Sprachen – wie soll da beispielsweise jemand in Deutschland verstehen, welche Pilzart genau ein Japaner meint und umgekehrt? Zumal für den Großteil aller Arten nicht einmal Namen in den Sprachen der jeweiligen Völker existieren!
Biologen, also diejenigen Wissenschaftler, die Lebewesen erforschen, haben sich daher einen Trick einfallen lassen: Sie bezeichnen jedes Lebewesen mit einem zweiteiligen Namen, der latinisiert ist, also sozusagen ins Lateinische übertragen. Der erste Name wird immer groß geschrieben, der zweite klein – und beide kursiv, also schräg. Du kennst das sicher von Dinosauriern wie *Tyrannosaurus rex*.
Diese wissenschaftlichen Namen sind auf der ganzen Welt gleich. So weiß jemand, der sich mit Pilzen beschäftigt, dass *Boletus edulis* der Name des Steinpilzes ist – ob diese Person nun in Afrika oder in Australien lebt. Sein Name bedeutet übrigens übersetzt: „Essbarer Pilz".

Leben im Verborgenen

Wenn Du im Wald einen Pilz stehen siehst, ist das eigentlich nur die Frucht des Pilzes, so wie ein Apfel die Frucht des Apfelbaums ist. Während bei einem Apfelbaum aber lediglich die Wurzeln verborgen sind, kannst Du bei Pilzen meist nur die Früchte erkennen, also das, was wir aus dem Waldboden oder einem Baumstamm herauswachsen sehen. Der allergrößte Teil des Pilzes dagegen, das Pilzgeflecht (Myzel), liegt im Boden verborgen. Dabei ist so ein Pilzgeflecht riesig – es kann Tausende Kilometer von Pilzfäden enthalten und sich über große Flächen im Wald erstrecken.

So, wie ein Apfelbaum nur im Spätsommer und Herbst Früchte trägt, bildet auch das Pilzgeflecht nur zu bestimmten Zeiten im Jahr Pilzfrüchte (also das, was man meist als „Pilz" bezeichnet). Und so, wie der Apfelbaum von Winter bis Frühsommer nicht verschwunden ist, verschwindet bei vielen Waldpilzen auch das Pilzgeflecht nicht. Es lebt im Boden weiter und ernährt sich dort von abgestorbenen Pflanzenteilen oder bekommt seine Nahrung von den Bäumen, denen das Pilzgeflecht im Gegenzug Nährsalze und Wasser zur Verfügung stellt.

Pilze haben, wie Äpfel, auch keine Wurzeln. Bei einigen Pilzen kannst Du unter dem Fruchtkörper wurzelartige Fortsätze finden. Das sind jedoch lediglich ganz viele einzelne Pilzfäden, die sich wie die Fasern eines Fadens zusammenknäulen. Unter den meisten Fruchtkörpern sieht man aber nur einen feinen Flaum, in dem allerlei Blattreste und Erdkrümel kleben können.

Der eigentliche Pilz auf diesem Bild wächst verborgen im Holz – wir sehen nur seine Fruchtkörper

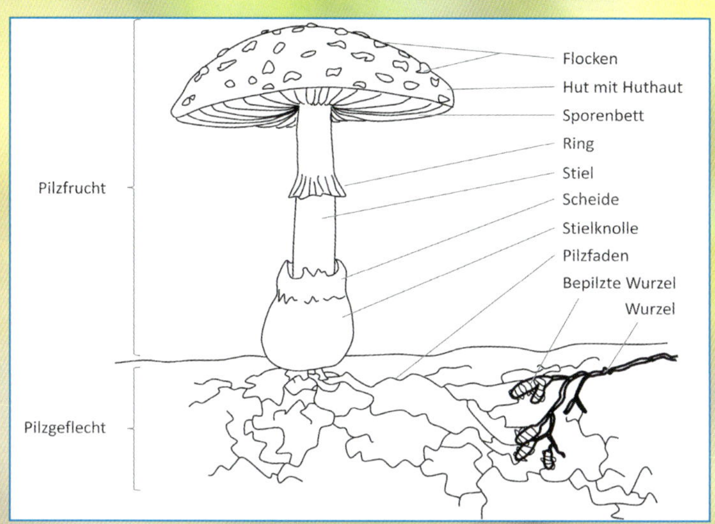

Hier siehst Du, wie ein typischer Pilz gebaut ist

Besser ganz!

Viele Leute, die Pilze sammeln, um sie zu essen, schneiden Pilze ab, um die „Wurzeln“ nicht zu beschädigen. Da Pilze aber gar keine Wurzeln haben und sich das Pilzgeflecht bei Speisepilzen über große Flächen im Wald verteilt, macht es kaum einen Unterschied, ob man Pilze abschneidet oder sie aus dem Boden zieht. Es ist sogar besser, den ganzen Pilz zu pflücken, da oft auch der untere Teil benötigt wird, um Speise- und Giftpilze sicher zu unterscheiden.

Wunderschön sind die Pilzlamellen mit den Sporen bei näherem Hinsehen

Verborgene Schönheit – Pilze unter dem Mikroskop

Wer Pilze mit dem Mikroskop anschaut, bemerkt schnell, dass es noch viel mehr zu entdecken gibt, als mit bloßem Auge zu sehen ist. Wenn man eine hauchdünne Scheibe eines Pilzes mikroskopiert und mit dem Schnitt durch den Stängel einer Pflanze vergleicht, stellt man fest: Im Stängel der Pflanze liegen die einzelnen Zellen, aus denen sie aufgebaut ist, dicht an dicht. Beim Pilz ist jedoch zwischen den runden Pilzfäden einiges an Lücken zu sehen.

Während die Pflanzen ein echtes Gewebe bilden, bei dem jede Zelle mit den Nachbarzellen verbunden ist, sind bei Pilzen überwiegend die Zellen innerhalb eines Pilzfadens stark miteinander verknüpft. Dadurch, dass sie sich mit den Nachbarfäden verflechten und verkleben können, bildet sich dennoch ein Scheingewebe, das auch gut zusammenhält. Besonders fest ist das Scheingewebe vieler Porlinge. Bei ihnen sind die Pilzfäden ganz dicht gedrängt, haben dicke Wände und sind so stark miteinander verklebt, dass sich der Pilz so hart wie ein Gummihammer anfühlt.

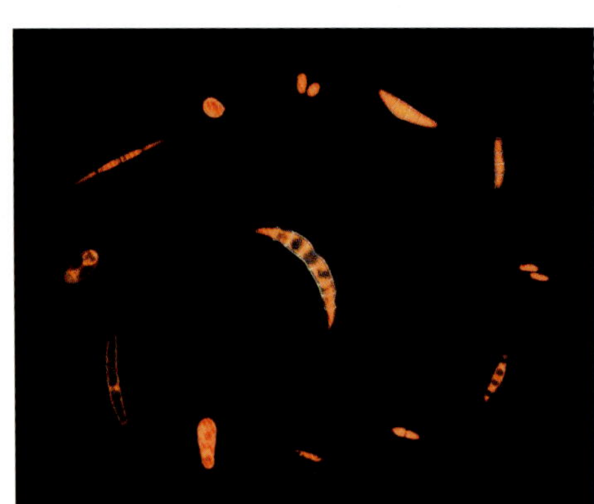

Solche Pilzsporen sind in Wirklichkeit mikroskopisch klein und überall vorhanden, sogar in der Luft!

Sehr zart sind oft die Lamellen und Röhren. Hier befindet sich das Sporenbett, wo viele Sporenständerzellen eng zusammenstehen. Diese Sporenständerzellen haben der Pilzgruppe den Namen Ständerpilze gegeben. Zu den Ständerpilzen gehören die allermeisten bekannten Speise- und Giftpilze. An den Ständerzellen befinden sich meist vier Hörnchen, an denen die Sporen gebildet werden. Diese sind so winzig klein, dass ein menschliches Haar daneben riesig aussieht.

Die Sporen von Pilzen sind oft wunderschön und können genutzt werden, um Arten zu unterscheiden, die fast gleich aussehen. So gibt es zum Beispiel bei Risspilzen einige Arten mit Höckersporen, während andere

Nährstoff-Autobahn

Die Scheinwurzeln bilden eine Art Autobahn, über die Pilze Nährstoffe auch über mehrere Meter hinweg transportieren können.

Arten glatte Sporen haben. Besonders im Rasterelektronenmikroskop offenbaren Pilzsporen ihre Schönheit, da man damit noch viel kleinere Dinge sichtbar machen kann als mit dem Lichtmikroskop.

Neben den Ständerzellen finden sich noch einige andere Zellarten in einer Lamelle, so zum Beispiel Blasenzellen, die manchmal mit hübschen Kristallen geschmückt sind. Oder Milchgänge, die sich unter anderem bei Milchlingen finden und mit weißer, gelber oder roter „Milch" gefüllt sein können. Diese Flüssigkeit dient dazu, Tiere abzuschrecken, die die Lamellen auffressen wollen.

Aber Pilze können sich auch anders schützen – zum Beispiel durch scharfkantige und spitze Kristalle. Diese bilden sie in speziellen Zellen. Die Kristalle sind für Tiere, die sie auffressen wollen, gar nicht schmackhaft. Besonders viele und schöne dieser Kristalle finden sich an und um Scheinwurzeln, die etliche Pilze bilden können. Scheinwurzeln leben meist viel länger als die Pilzfrüchte und müssen daher vom Pilz gut geschützt werden.

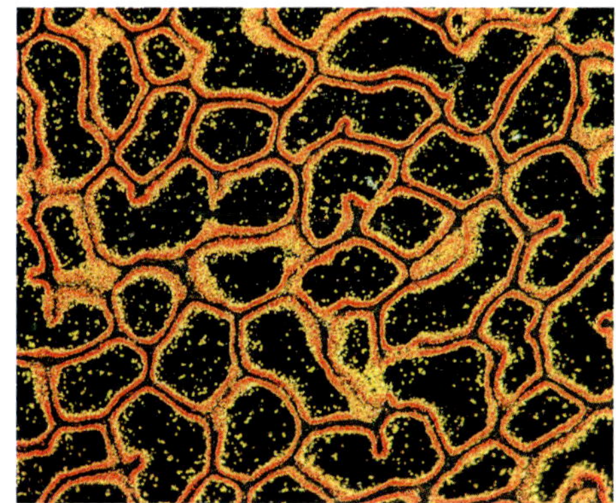

Erst unter dem Mikroskop offenbaren viele Pilze ihre wahre Schönheit

Bei der anderen großen Pilzgruppe liegen die Sporen – oft sind es acht – in einem Schlauch oder Sack. Deswegen nennt man sie Schlauchpilze. Zu ihnen gehören unter anderem Becherlinge, Lorcheln, Morcheln und Trüffeln. Auch die allermeisten Pilze in Flechten (siehe Kapitel „Solargetriebene Pilze", Seite 44) zählen zu den Schlauchpilzen. Schlauchpilze und Ständerpilze kann man auch oft an den Pilzfäden unterscheiden. Während diese bei den Ständerpilzen häufig kleine Schnallen am Übergang von einer Zelle zur nächsten besitzen, fehlen diese bei den Schlauchpilzen immer.

Auch wenn Pilze, die Du im Supermarkt kaufen kannst, fast alle recht eintönig gefärbt sind – weiß, beige oder braun – sind Pilze wahre Meister darin, Farben herzustellen. Auf ungedüngten Wiesen kannst Du beispielsweise Saftlinge beobachten, wie den hübschen Kegeligen Saftling oder den Kirschroten Saftling, den man schon von Weitem sehen kann. Die meisten Saftlinge sind nicht nur schön anzuschauen, sondern auch echte Seltenheiten geworden, wie die Orchideen. Diese „Orchideen unter den Pilzen" sind daher geschützt und dürfen nicht gesammelt werden. Da einige beim Trocknen schwarz werden, sind sie ohnehin frisch viel schöner anzuschauen.

Pilze gibt es in allen Farben des Regenbogens – violett wie der Violette Lacktrichterling, blau wie der Blaue Rindenpilz, grün wie der Papageigrüne Saftling, gelb wie der Gelbe Faltenschirmling, orange wie der Klebrige Hörnling und rot wie der Scharlachrote Kelchbecherling. Aber nicht nur die Pilzfrüchte können hübsch gefärbt sein, auch die Sporen sind es oft, was man mit hübschen „Sporenabwürfen" zeigen kann: Dazu legst Du einen Pilzhut mit dem Sporenbett nach unten auf ein weißes Blatt Papier. Nach ein paar Stunden siehst Du dann ein schönes Sporenbild.

Und das allergrößte Lebewesen auf der Erde ist – ein Pilz! Das Pilzgeflecht des größten bekannten einzelnen Pilzes durchzieht eine Fläche, die so groß ist wie mehrere hundert Fußballfelder, und wiegt so viel wie 7 000 Elefanten. Seit Tausenden von Jahren wächst er in einer Bergregion in Nordamerika und ernährt sich vorwiegend von abgestorbenem Holz.

Leuchtpilze

Warum viele Pilze sehr bunt sind, wissen wir noch nicht genau. Aber es wird vermutet, dass die Farben – wie bei Pflanzenblüten – als Signal- und Schreckfarbe dienen. Es gibt sogar Pilze, die im Dunklen leuchten, zum Beispiel der Herbe Zwergknäueling oder der Leuchtende Helmling (siehe auch das Kapitel „Die heimliche Müllabfuhr", Seite 30).

Viele Pilze bilden Fruchtkörper mit Stil und Hut, wie zum Beispiel der Fliegenpilz. Aber es gibt auch zahlreiche andere Formen. Manche Pilzfruchtkörper sehen aus wie ein Ziegenbart, andere wie ein rosafarbener Wattebausch, eine Koralle oder ein Stern. Manche erinnern an kleine Baseballschläger, andere überziehen altes Holz mit einer farbigen Kruste und wieder andere bilden einen zarten Flaum. Und einige sehen ziemlich seltsam aus, so wie die Trollhand oder der Rote Gitterling. Viele Pilze leben auch als winzig kleine, einzellige Hefen, von denen sich manche, wie die Duftstoffe produzierende Hefe *Metschnikowia,* wie Pollen von Bienen von Blüte zu Blüte tragen lassen, um sich dann im Nektar zu vermehren.

Einige Pilze fruchten in vielen Metern Höhe am Stamm von Bäumen, andere auf dem Waldboden und wieder andere, wie beispielsweise der Hirschtrüffel, wachsen unter der Erde. Besonders diese unter der Erde fruchtenden Pilze riechen oft sehr aromatisch, um Tiere anzulocken, die die Pilze verbreiten, so zum Beispiel die Trüffel, von denen manche Arten wertvoller sein können als pures Gold, etwa große weiße Alba-Trüffel.

Halskrausen-Erdstern

Roter Gitterling

Trollhand

Diese Wolle wurde allein mit verschiedenen Pilzen gefärbt

Bunte Vielfalt – Färben mit Pilzen

Pilze sind extrem erfinderische Chemiker (siehe Kapitel „chemische Waffen“, Seite 32), und das gilt auch für Farbstoffe. Pilze gibt es daher in vielen verschiedenen Farben, wie Du im vorigen Kapitel bereits gelesen hast. Mit einigen ihrer Farbstoffe kann man tatsächlich Kleidungstücke und Wolle färben.

Für das Färben werden die Färbepilze in kleine Stücke geschnitten und eine Weile in Wasser eingeweicht. Anschließend müssen die Pilze kochen, bis ein kräftiger Farbsud entstanden ist. Darin kann man nun Wolle färben. Am besten geht das mit gebeizter Wolle, aber man kann auch mit ungebeizter Wolle experimentieren. Für das Beizen der Wolle eignen sich beispielsweise Alaun und Tonerde, fertige Beizen gibt es im Hobbymarkt zu kaufen. Da die Beizen jedoch die Haut angreifen und nicht in die Augen gelangen dürfen, lass Dir von einem Erwachsenen helfen, falls Du das Färben einmal selbst ausprobieren möchtest.

Der Dunkelviolette Hautkopf liefert beim Färben verschiedene Grüntöne

Farben aus ungiftigen Pilzen

Auch ungiftige Pilze können hübsche Farben hervorbringen, so der Rotfuß-röhrling und die Ziegenlippe, die ein helles Gelb ergeben, oder der Samtfußkrempling, mit dem man rosa färben kann.

Besonders schöne Farben ergeben verschiedene Hautköpfe. Diese fallen schon im Wald durch ihre intensive Färbung auf. Allerdings sind sie auch giftig, weswegen man die gefärbten Kleidungsstücke gut auswaschen sollte und darauf achten muss, dass der Farbsud auf keinen Fall versehentlich getrunken wird. Der Blut-Hautkopf färbt intensiv rot, der Gelbblättrige Hautkopf orange und der Dunkelviolette Hautkopf grauviolett.

Besonders mit Porlingen lässt sich gut experimentieren, da sie sich das ganze Jahr über an Baumstümpfen sowie kranken und abgestorbenen Bäumen finden lassen. Dabei können sich fast alle Farben von Rosarot bis Himmelblau ergeben. Diese lederartigen und oft sehr harten Pilze verstecken in ihrem Inneren eine Menge Farbstoffe, die sich aber mit heißem Wasser herauslösen lassen. So zum Beispiel der Kiefernbraunporling, mit dem man moosgrün färben kann, oder die Schillerporlinge, die einen Ockerton liefern.

Gelbgrüne, gelbbräunliche bis orange Farbtöne erzielt man mit dem Rotfuß-Röhrling

Mit dem Blutroten Hautkopf lässt Wolle sich rot, orange oder braunorange färben

Die Stinkmorchel lockt mit ihrem Geruch Fliegen an, die ihre Sporen verbreiten

Wie Pflanzen können auch Pilze sich nicht einfach auf Wanderschaft begeben, um sich wie Tiere Partner zu suchen oder an einen anderen Ort zu gelangen, wenn es ungemütlich wird. Daher müssen sie sich besonders gut ausbreiten können, um Partner zu finden und neue Orte zu besiedeln. Dabei haben Pilze eine Vielzahl von Techniken entwickelt, durch die sie zur am weitesten verbreiteten Gruppe von Lebewesen außer den Bakterien werden konnten.

Viele Pilze setzen dabei auf den Wind. Bei trockenem Wetter rieseln Hunderttausende von Sporen aus dem Sporenbett – das sind zum Beispiel die Lamellen, Röhren oder Leisten an der Unterseite des Hutes. Vom Wind erfasst, können die Sporen hunderte Kilometer weit fliegen. Da es so viele sind, fallen mit hoher Wahrscheinlichkeit ein paar an einen Ort, wo die Lebensbedingungen passen. Alle übrigen Sporen gehen zugrunde und dienen als Futter für unzählige kleine Bodentiere. Wenn von einem der größten Pilze überhaupt, dem Riesenbovist, jede der mehrere Billionen Sporen auskeimen und einen neuen, großen Fruchtkörper bilden würde, könnte man damit nach zwei Jahren die ganze Welt lückenlos bedecken.

Hier ist ein Kugelschneller kurz davor, eine Sporenkugel explosionsartig meterweit wegzuschleudern

Andere Pilze nutzen Fliegen und andere Insekten, um sich auszubreiten, so zum Beispiel die Stinkmorchel oder der Tintenfischpilz. Wenn sie aus dem sogenannten Hexenei hervorbrechen, zeigen sie ihre Fruchtschicht – eine klebrige, fürchterlich stinkende Sporenmasse, die für Fliegen nahezu unwiderstehlich ist. Innerhalb kurzer Zeit fressen die Insekten den dunkelgrau-olivgrünen Schleim weg und tragen die Sporen, so weit sie fliegen können.

Boviste schießen ihre Sporen mit einem „Pups-Geräusch" in die Luft

Es gibt sogar einige Pilze, die sich von Schmetterlingen und anderen Insekten bestäuben lassen, zum Beispiel der Erbsen-Rostpilz. Dieser bringt eine Pflanze, die Zypressen-Wolfsmilch, dazu, Scheinblüten zu bilden, an denen der Rostpilz seine Sporen präsentiert. Da er zudem noch Duftstoffe bildet, werden Bestäuber angelockt, die die Sporen von einer infizierten Pflanze zur nächsten tragen. Nur dadurch kann er eine Sporenart bilden, die den Sommerwirt, die Erbse, zu infizieren vermag.

Einige Pilze versuchen die Ausbreitung aus eigener Kraft. So kann der Kugelschneller eine Sporenkugel explosionsartig aus dem reifen Fruchtköper schleudern. Obwohl diese Kugel weniger als einen Millimeter groß ist, schießt der Pilz sie sechs Meter weit!

Trüffelduft

Viele unterirdisch wachsende Pilze, etwa die Trüffeln, locken durch ihren Geruch Tiere an, die sie dann fressen, aber die Sporen an einem anderen Ort mit dem Kot wieder ausscheiden. Dort kann der Pilz dann wieder auswachsen.

Pilzinvasionen

Wenn der Mensch ungewollt mithilft, können Pilze sich ebenfalls über sehr weite Strecken ausbreiten. Ein eher harmloses, aber seltsames Beispiel dafür ist der Tintenfischpilz. Diese Art lebt in den Wäldern und feuchten Wiesen Neuseelands und Australiens. Wenn sich seine Pilzfrucht bildet, sieht das am Anfang noch nicht besonders bemerkenswert aus – es entsteht ein eiartiger Knubbel. Dieses sogenannte Hexenei hat es aber in sich – ist die Pilzfrucht weit genug herangewachsen, durchbricht sie die ledrige Haut des „Eis“ und lässt fünf rosafarbene Arme herausquellen, die über und über mit stinkendem, olivgrünem Schleim bedeckt sind. Wie bei der Stinkmorchel wird dieser Schleim mit Begeisterung von Fliegen gefressen, die dadurch die Pilzsporen an einen Ort verschleppen, wo dann ein neuer Pilz auswachsen kann.

Während viele Arten aus Europa mittlerweile nach Neuseeland und Australien eingeschleppt worden sind, ist es mit dem Tintenfischpilz genau andersherum – er ist eine der wenigen Arten, die sich von Australien und Neuseeland aus über die Welt verbreitet haben. Als die Menschen anfingen, intensiv weltweiten Handel zu betreiben, ergriff der Tintenfischpilz seine Chance und fuhr in Form von Sporen als blinder Passagier auf einem Dampfer mit, vielleicht an den Schuhen von Arbeitern, die nach Europa zurückkehrten.

Erst einmal in Europa angekommen, breitete sich der Tintenfischpilz rasch aus. Zum ersten Mal wurde er vor rund 100 Jahren im Osten Frankreichs gefunden, mittlerweile kann man ihm aber in ganz Europa begegnen.

In dieser Gestalt kommt der Fruchtkörper des Tintenfischpilzes aus der Erde

Dann öffnet er sich und die roten „Tentakel“ kommen zum Vorschein

In seiner endgültigen Gestalt erinnert der Fruchtkörper tatsächlich an einen Tintenfisch!

Vor ein paar Jahrzehnten wurde er zudem nach Nordamerika eingeschleppt, möglicherweise an den Wanderschuhen eines Touristen. Auch wenn die Pilzfrucht des Tintenfischpilzes aussieht wie von einem anderen Stern, ist er zum Glück vollkommen harmlos und scheint keinen Schaden anzurichten, wo er sich niederlässt.

Ganz anders ist das aber mit vielen Pilzen, die Pflanzenkrankheiten auslösen können (siehe auch das Kapitel „Ungeliebte Untermieter in Pflanzen", Seite 40). Ein Beispiel dafür ist die Rußrindenkrankheit, die seit Anfang der 2000er-Jahre in Deutschland auftritt und vermutlich aus Nordamerika eingeschleppt wurde. Bei dieser Krankheit bildet ein Pilz, der sich zuvor in der Pflanze ausgebreitet hat, eine große Menge schwarzbrauner Sporen unter der Rinde von Ahornbäumen, was den Baum schließlich zum Absterben bringt. Die Rinde platzt dann auf, und Milliarden von Sporen werden freigesetzt, die beim Menschen eine Lungenentzündung hervorrufen können.

Ob die Rußrindenkrankheit ähnlich schlimme Folgen für heimische Ahornarten haben wird wie das Ulmensterben, das vor rund 100 Jahren aus Ostasien eingeschleppt wurde, kann im Augenblick noch niemand sagen. Das Ulmensterben wurde ebenfalls durch einen Pilz ausgelöst, der in wenigen Jahren die meisten alten Ulmen dahinraffte. Nur wenige der oft hunderte Jahre alten Bäume, unter denen früher Recht gesprochen wurde, überlebten.

Auch zahlreiche Falsche Mehltaue, von denen Du bereits gelesen hast, wurden aus anderen Kontinenten nach Europa eingeschleppt. Sie verursachen zum Teil großen Schaden, so zum Beispiel die Falschen Mehltaue von Weinrebe, Sonnenblume, Fleißigem Lieschen, Basilikum und Akelei.

Hier hat ein Pilz die Rußrindenkrankheit an einem Ahornbaum ausgelöst

Falscher Mehltau hat die Blätter einer Weinrebe befallen

Blinde Passagiere

Die Einschleppung hat in den vergangenen Jahren deutlich zugenommen, da seit den Zeiten von Christoph Kolumbus, dem bekanntesten Entdecker Amerikas, immer mehr Pflanzen und Saatgut um die ganze Welt verschickt werden.

Pilze leisten einen riesigen Beitrag dazu, totes Holz abzubauen

Die heimliche Müllabfuhr

Ohne die unermüdliche Arbeit der Pilze läge das Holz abgestorbener Äste und Baumstämme meterhoch im Wald. Denn Pilze sind die einzigen Lebewesen, die Holz rasch abbauen können. Eine mächtige Eiche vermögen sie in wenigen Jahren auszuhöhlen und können nach dem Absterben auch den größten Baum in weiches Moderholz verwandeln. Dadurch schaffen Pilze neue Lebensräume für andere Lebewesen, zum Beispiel Großkäfer wie den Hirschkäfer oder den Juchtenkäfer, Fledermäuse und andere bedrohte Tierarten.

Dadurch, dass sie das Holz aufweichen, kann sich also eine große Zahl an Tieren, weiteren Pilzen, Bakterien und Einzellern ansiedeln, die einen toten Baumstamm in ein ganzes Ökosystem verwandeln. In einem einzigen modernden Baumstamm können so leicht Dutzende Arten wohnen – viel mehr als zu Lebzeiten des Baums.

Dabei gibt es Spezialisten, die nur ausgesuchte Pflanzenreste abbauen. So findet sich der Buchenlaub-Helmling bevorzugt auf Rotbuchenblättern, der Nadelstreu-Helmling wächst ausschließlich auf herabgefallenen Nadeln.

Einige Pilze sind wenig wählerisch und zersetzen so gut wie alles, auch wenn sie nicht besonders gut darin sind, Holz abzubauen, und sich deswegen von weichen oder schon stark zersetzten Pflanzenresten ernähren. Andere Pilze haben sich stärker spezialisiert und können zum Beispiel die stabilen

Der Mosaik-Schichtpilz bildet solche mosaikartigen Muster

Holzfasern aus Zellstoff abbauen. Sie lassen nur den Holzkitt liegen, eine Substanz, die noch schwerer zu verdauen ist. Viele Porlinge erzeugen diese sogenannte Braunfäule, die dazu führt, dass das Holz würfelartig bricht.

Genau auf den braunen Holzkitt jedoch, den man auch Lignin nennt, haben es andere Pilze abgesehen, zum Beispiel der Zunderschwamm (siehe auch das Kapitel „Feurio", Seite 36). Der Zunderschwamm lässt dabei den Zellstoff unverdaut, sodass nur die weißen Holzfasern übrig bleiben. Man nennt diese Art der Zersetzung deshalb Weißfäule.

Um das stabile Lignin zu knacken, brauchen die Pilze besonders aggressive Enzyme, also biochemische Verdauungshelfer. Einige davon bilden Abfallprodukte, die Pilze beim Entsorgen zum Leuchten bringen. Ob das Leuchten nur ein zufälliges Nebenprodukt der Abfallentsorgung ist oder vielleicht bei leuchtenden Pilzfrüchten auch dem Anlocken von Insekten dient, ist noch nicht abschließend geklärt. Auf jeden Fall ist ein Stück Holz, das nachts wegen der darin lebenden Pilze leuchtet, ein tolles Naturschauspiel!

Es gibt auch ein paar Pilze, die ganze Häuser zum Einstürzen bringen können, wenn sie das Holz zersetzen, das Decken und Wände trägt. Besonders gefürchtet ist dabei der Echte Hausschwamm. Er braucht im Gegensatz zu vielen anderen Pilzen nur wenig Wasser, um mit seinem zerstörerischen Werk zu beginnen – und er kann auf der Suche nach Holz sogar durch Mauerwerk wachsen.
Wird daher bei einem Haus der Befall mit Echtem Hausschwamm zu spät festgestellt, bleibt manchmal nur, das Haus abzureißen, bevor es den Bewohnern über dem Kopf zusammenfällt.

links: braunfaules Holz
rechts: weißfaules Holz

Der Echte Hausschwamm kann schwere Schäden verursachen!

Chemische Waffen

Pilzarten leben natürlich nicht alleine im Wald. Sie stehen die ganze Zeit über in Kontakt mit vielen anderen Arten von Pilzen, Bakterien, Insekten und Einzellern, von denen manche die gleichen Dinge als Nahrung haben wollen wie sie selbst. Daher bilden viele Pilze eine Menge von komplizierten chemischen Stoffen, die sie selbst oft gut vertragen können, die aber anderen Arten nicht gut bekommen und den Pilzen somit einen Vorteil verschaffen.

Schneidet man einen von Pilzen besiedelten Baumstamm durch, lässt sich an der Schnittfläche sehen, wie zahlreiche Pilze das Innere des Baumstammes besiedeln und wie sie versuchen, ihren Bereich gegen andere Pilze zu sichern. Das ist an den dunklen Rändern zu erkennen, wo sich die Pilze durch ein ganzes Arsenal chemischer Stoffe gegenseitig abwehren.

Vor fast 100 Jahren fiel einem Forscher namens Alexander Fleming auf, dass manche Schimmelpilze Stoffe bilden, die Bakterien am Wachstum hindern. Das kam dadurch, dass auf einer durchsichtigen Platte, auf die er Bakteriennahrung gegeben hatte, ein Pilz wuchs, weil der Wissenschaftler nicht sauber gearbeitet hatte. Anstatt die mit dem Pilz verunreinigte Platte einfach wegzuwerfen, sah er sich das Ganze genauer an und stellte fest, dass um den Pilz herum keine Bakterien wuchsen.

Mit einem ganzen Arsenal chemischer Waffen kämpfen Pilze gegen andere Pilzarten

So etwa sah Flemings Platte aus: Der Schimmelpilz in der Mitte bildet Penicillin, sodass die roten Bakterienkolonien in seiner Umgebung absterben (und dadurch rosa erscheinen)

Da er ein kluger Mensch war, erkannte er, dass das eigentlich nur dadurch passiert sein konnte, dass der Pilz etwas herstellte, was die Bakterien am Wachsen hinderte. Nach einigen Versuchen konnte er den Stoff isolieren: das Penicillin. Diese Substanz aus einem Pilz hat bis heute Millionen von Menschen das Leben gerettet, denn als sogenanntes Antibiotikum tötete sie die krankmachenden Bakterien im Körper.

Dass Substanzen Pilzen gegen Krankheitserreger wirksam sind, war zwar seit der Antike bekannt, und beispielsweise der Forscher Theodor Billroth schrieb darüber ein halbes Jahrhundert vor Fleming. Aber erst Alexander Flemings genaue Veröffentlichungen stießen nach einiger Zeit auf Interesse von Wissenschaftlern, die schließlich auf die Idee kamen, aus der Pilz-Substanz ein wirksames Medikament zu entwickeln. Für diese Leistung bekamen sie zusammen mit Alexander Fleming den Nobelpreis, einen der wichtigsten Preise der Wissenschaft.

Alexander Fleming bei der Arbeit

Nach der Entdeckung des Penicillins wurde mit großem Eifer nach weiteren Substanzen aus Pilzen gesucht, die genutzt werden können, um Menschen, Tiere und Pflanzen vor Krankheiten zu schützen. Dabei wurden zahlreiche neue chemische Substanzen gefunden, die heute in der Medizin und der Landwirtschaft eingesetzt werden, so zum Beispiel das Strobillurin, das von einem Pilz gebildet wird, um andere Pilze abzuwehren. Lange Zeit war es das wichtigste Mittel, um Pilzkrankheiten an Getreide zu verhindern.

Chemische Multitalente

Ein einzelner Pilz kann Dutzende chemischer Stoffe produzieren, und bislang sind nur die wenigsten davon in ihrem Aufbau und ihrer Wirkung erforscht. Viele davon könnten uns noch extrem nützlich werden!

Volksheilkunde

Du kennst vielleicht einige Heilpflanzen, so wie die Kamille, die bei Erkältungen oder Magenproblemen hilft, oder den Thymian, der bei Husten guttut. Aber wusstest Du, dass die Menschen früher oft auch Heilpilze genutzt haben, wenn sie sich schlecht fühlten? Die wenigsten Menschen haben davon gehört, da bei uns das Wissen über Heilpilze nicht gut über die Jahrhunderte und Jahrtausende weitergegeben wurde. Da Pilze aber noch besser als Pflanzen darin sind, die verrücktesten chemischen Substanzen herzustellen – so wie das Penicillin –, gibt es eine Menge Pilze, die eine Heilwirkung haben können.

Wahrscheinlich, weil viele Pilze durch ähnliche Stoffe auch ziemlich giftig sind und es schon immer schwieriger war, Pilze zu unterscheiden als Pflanzen, waren Heilpflanzen deutlich beliebter. Dazu kommt, dass man bei vielen Heilpflanzen einfach nur ein paar Samen in die Erde stecken muss, um sie bequem im eigenen Garten zu ernten.

Ein glänzender Lackporling wird in Asien als Heilmittel angebaut

So könnte Ötzi ausgesehen haben. Er trug den Birkenporling (rechtes Bild) als Heilmittel gegen Magenbeschwerden mit sich.

Bei Pilzen ist das viel komplizierter. Manche brauchen sogar spezielle Bäume, mit denen sie zusammenleben – aber dazu später mehr.

In der Steinzeit, als die Menschen noch viel umherzogen und daher nicht warten konnten, bis Heilpflanzen in einem Garten groß genug geworden wären, um sie zu ernten, mussten sie alle Medizin direkt aus der Natur holen. Dadurch war es für sie nicht viel schwieriger, Pilze zu sammeln als Pflanzen. Und tatsächlich weiß man, dass Steinzeitmenschen Heilpilze verwendeten. Ein Beispiel dafür ist der Birkenporling, den der berühmte Steinzeitjäger Ötzi bei sich trug. Heute weiß man, dass der Birkenporling manche Magenbeschwerden lindern kann, ein Wissen, das fast verloren gegangen wäre.

In anderen Regionen der Erde hat die Überlieferung, also das Weitererzählen der Heilwirkung von Pilzen besser geklappt als bei uns, vor allem in China. Dort werden auch heute noch Dutzende von Pilzen in der traditionellen Medizin eingesetzt. Zwar haben einige davon kaum eine Wirkung und können sogar schädlich sein. Aber für andere haben Forscher in den vergangenen Jahren eine gute Wirkung festgestellt. Dennoch steht die Wissenschaft erst am Anfang, die medizinischen Möglichkeiten von Heilpilzen wiederzuentdecken.

Der Chinesische Raupenpilz wird in Asien als Medikament sehr geschätzt. Damit befallene Raupen werden teuer verkauft!

Feurio!

Du hast vielleicht schon mal gehört, wie jemand gesagt hat, „das brennt wie Zunder!“, wenn etwas sich leicht anzünden lässt und danach gut weiterbrennt. Und genau das tut der Zunderpilz. Schon von den kleinsten Funken angefacht, beginnt er zu glimmen. Wenn man nun vorsichtig pustet, lässt sich eine heiße Glut erzeugen. Damit kann man dann trockenes Gras und Blätter zum Brennen bringen und so ein Feuer machen. Das war in der Steinzeit viel einfacher und sicherer, als immer in Tierhörnern oder in dickes Leder eingewickelt Glut von einem Rastplatz zum nächsten tragen zu müssen.

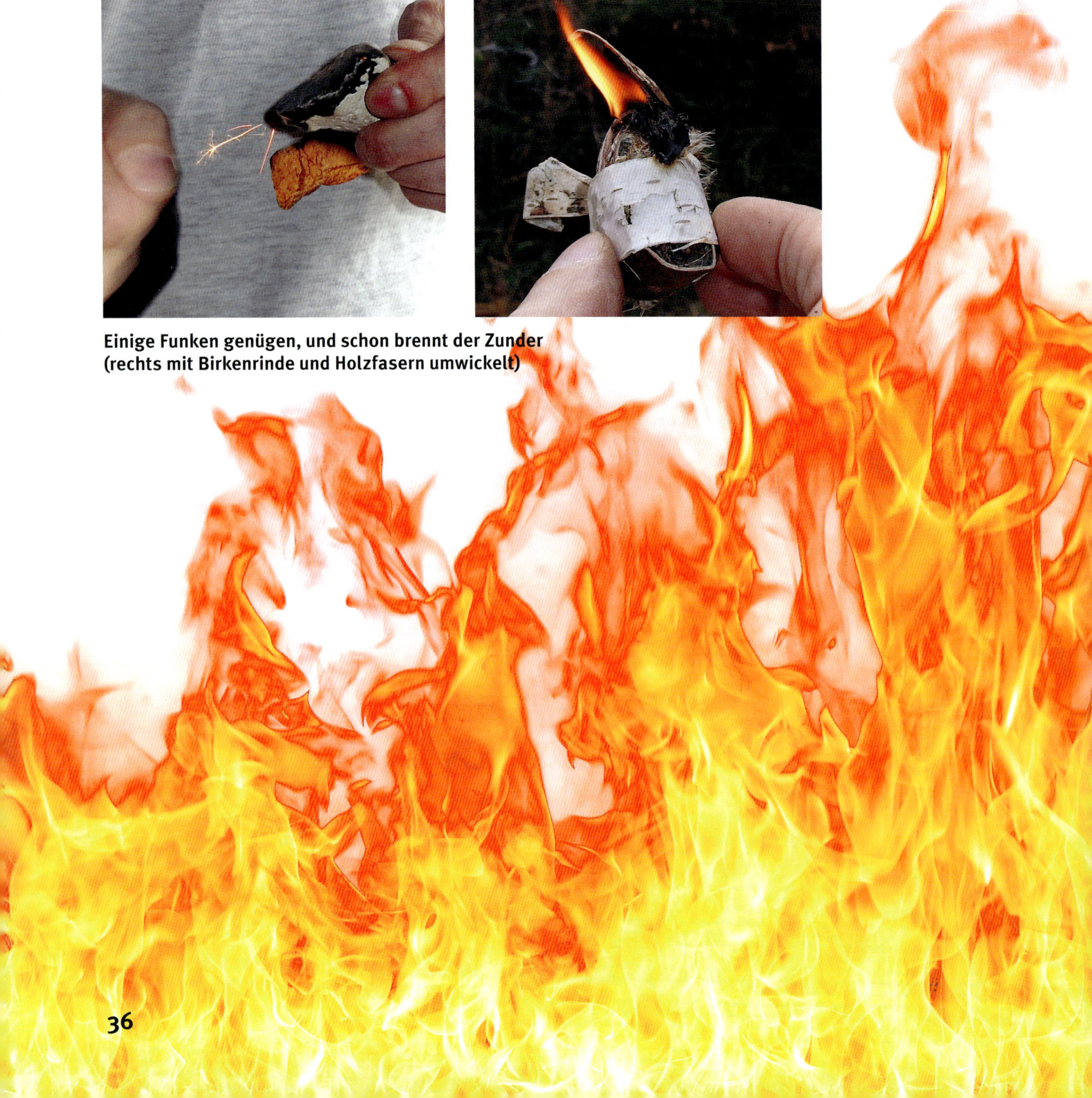

Einige Funken genügen, und schon brennt der Zunder (rechts mit Birkenrinde und Holzfasern umwickelt)

Solch schöne Gegenstände lassen sich aus Zunder-Gewebe herstellen!

Auch für andere Dinge war der Zunderschwamm gut zu gebrauchen, zum Beispiel für Pflaster und Verbände, da er Blutungen stillen kann. Wenn man die weichen Fasern im Inneren des Zunderschwammes durch langwieriges Klopfen und Ziehen freigelegt und verfestigt hat, lässt sich zudem daraus ein weiches, lederartiges Vlies herstellen, also so etwas wie ein Stoff, ein Gewebe. Daraus kann man dann wärmende Polster, Hüte, Taschen, Armbänder und vieles mehr fertigen.

Zunderpilze am Buchenstamm

Steinzeitmensch mit Technik-Wissen

Der Steinzeitjäger Ötzi hatte nicht nur einen Birkenporling für seinen angeschlagenen Magen dabei, sondern auch noch einen zweiten Pilz: den Zunderschwamm. Ohne diesen wäre es in der Steinzeit sehr viel schwieriger gewesen, im kalten Europa nördlich der Alpen zu überleben.

Ameisenpilze und Pilzameisen

Nicht nur der Mensch baut Pilze an, um sie zu essen, wie zum Beispiel den Kulturchampignon (siehe auch „Ein Pilzgarten für zu Hause", Seite 58). Auch einige Insekten tun das, vor allem Ameisen und Termiten. Damit der Pilz gut wächst, wird er gehegt und gepflegt und ständig gefüttert.

So groß und sogar noch größer kann der Riesen-Termitenpilz werden!

Die bekannten Blattschneiderameisen beißen unzählige Stücke aus Laubblättern heraus und tragen sie in ihr Nest. Das tun sie aber nicht, um die Blattstücke dort zu fressen. Stattdessen bringen sie diese in eine feuchtwarme Kammer des Nests, in der ihr „Hauspilz" wächst und gedeiht. Die Ameisen kultivieren ihn über viele Generationen hinweg und beschützen ihn wie einen wertvollen Schatz. Der Pilz dient ihnen nämlich als wichtige Nahrungsquelle, die den Ameisen alles liefert, was sie zum Leben brauchen.

Auch zahlreiche Termiten haben sich auf die Pilzzüchtung spezialisiert und legen große, unterirdische Pilzgärten an. Einige Arten leben dabei mit dem Pilz zusammen, der die größten bekannten Fruchtkörper mit Hut und Stiel bildet – Du kennst ihn bereits, es ist der Riesen-Termitenpilz oder Titanen-Termitenpilz. Wenn die Termiten ihn nicht ausreichend ernten, bricht der wohlschmeckende Pilz bei günstigem Wetter aus den Termitenhügeln hervor. Die im südwestlichen Afrika lebenden Menschen sammeln ihn dann als köstliche Delikatesse.

Blattschneiderameisen fressen die Stückchen nicht, die sie aus Blättern schneiden, sondern füttern damit ihren Pilz, von dem sie sich ernähren

Es gibt aber auch einige Pilze, die Ameisen sogar gefährlich werden können, zum Beispiel Vertreter aus der Gruppe der Kernkeulenartigen. Wenn eine Ameise Sporen der Ameisen-Kernkeule aufnimmt, beginnen diese im Darm des Insekts auszukeimen und wachsen zu den Nerven des Tiers. Dort programmieren sie die Ameise um, sodass sie nicht mehr zum Ameisenbau zurückkehrt, sondern den Drang verspürt, aufwärts zu klettern, beispielsweise an einem Grashalm. Danach lässt der Pilz die Ameise in den Grashalm beißen.

In dieser Position bleibt das Insekt dann, bis der Pilz sie getötet hat. Nun übernimmt der Pilz das Festhalten am Gras. Nachdem er die komplette Ameise bis auf den Panzer verdaut hat, bildet er einen Fruchtkörper, von dem aus Tausende von Sporen mit dem Wind verweht werden. Sobald welche davon von von einer Ameise gefressen werden, beginnt alles von Neuem.

Die weißen, flauschigen Bällchen sind der Pilz, den Blattschneiderameisen kultivieren und fressen

Ein Kernkeulenpilz hat die damit befallene Ameise dazu gebracht, sich in ein Blatt zu verbeißen

Ungeliebte Untermieter in Pflanzen

Viele Pilze begnügen sich nicht damit, nur von herabgefallenen Blättern, Ästen oder umgefallenen Bäumen zu leben. Stattdessen dringen sie in lebende Pflanzen ein, um sich dort auszubreiten. Einige Arten beginnen sofort mit ihrem zerstörerischen Werk und bringen befallene Pflanzenteile zum Absterben, um sie zu verdauen.

Andere Pilze und Scheinpilze breiten sich zunächst unbemerkt aus und schädigen ihren Wirt kaum. Erst wenn große Teile der Pflanze besiedelt sind, wechselt der Schädling die Strategie und bringt den Wirt zum Absterben, um sich von seinen Überresten zu ernähren. Zu dieser tückischen Sorte gehört auch der Erreger der Kraut- und Knollenfäule der Kartoffel. Vor rund 170 Jahren trieb er hunderttausende Iren in den Hungertod oder die Auswanderung nach Amerika. Denn die Kartoffelernten, von denen die irische Bevölkerung abhing, fielen mehrere Jahre lang dem Scheinpilz zum Opfer.

Birnengitterrost hat einen Baum befallen

Auf dieser Abbildung, die 1886 im englischen Magazin „The Illustrated London News“ erschien, suchen hungernde Iren an der Küste nach Muscheln und Seegras.

Diese Kartoffeln sind vom Kartoffelzerstörer befallen, einem Scheinpilz

Viele Scheinpilze und Pilze, die von lebenden Pflanzen abhängig sind, sind erst dann zu erkennen, wenn sie ihre Sporen bilden. Davor bleiben sie meist im Verborgenen. Man sieht der Pflanze zu diesem Zeitpunkt also oft kaum an, dass sie eigentlich krank ist. Manche Krankheitserreger können den Wirt dann aber so stark umprogrammieren, dass er völlig anders aussieht als davor.

Ein Beispiel dafür ist der Maisbeulenbrand. Er bringt die Maispflanze dazu, anstelle von Maiskörnern riesige Säcke zu bilden, die bis oben hin mit Sporen gefüllt sind – und die in Mexiko als Delikatesse gegessen werden. Andere Krankheitserreger treten nur in den Blüten hervor und nutzen die Bestäuber der Pflanze, um sich zum nächsten Wirt tragen zu lassen – so zum Beispiel der blütenbewohnende Falsche Mehltau der Minze, der meist nur auf dem Fruchtblatt Sporen bildet.

Nicht ohne Wirt

Die allermeisten bekannten Pflanzenschädlinge sind wenig aggressiv und lassen ihre Wirtspflanze leben – aus gutem Grund, da sie ohne diese gar nicht überleben könnten. Durch das enge Zusammenleben mit der Wirtspflanze haben sie im Lauf der Jahrmillionen die Fähigkeit verloren, wichtige Stoffe, die sie zum Leben brauchen, selbst herzustellen. Diese können sie nun nur noch von lebenden Pflanzen bekommen, ihren Wirten.

großes Bild: Ein Maiskolben mit Befall durch den Maisbeulenbrand
kleines Bild: In manchen Teilen Mexikos gilt dieser Pilz als Delikatesse und wird beispielsweise zu einer Füllung für Tacos verarbeitet

Was schimmelt da?

Wenn nur ein kleines bisschen Feuchtigkeit vorhanden ist, kann fast alles schimmeln, da Schimmelpilze sich von fast allem zu ernähren vermögen, was biologischen Ursprungs ist. Einige können sogar manche Plastiksorten abbauen.

Wenn Du das watteartige Pilzgeflecht eines Schimmels betrachtest, siehst Du bei vielen Arten, dass die Mitte der Schimmelfläche anders aussieht als die Ränder. Beim gewöhnlichen Brotschimmel ist die Mitte grün oder blau, der Rand hingegen weiß. Das kommt daher, dass in der Mitte Millionen von gefärbten Sporen gebildet werden. Die noch jungen Pilzfäden am Rand dagegen sind noch damit beschäftigt, die Nahrung für den Schimmel in Besitz zu nehmen.

Andere Schimmel wie die Erdschimmel bilden lockere Geflechte, die in kürzester Zeit eine ganze Schale Erdbeeren überwuchern können und zahlreiche schwarze Pünktchen bilden, in denen sich die Sporen befinden.

Rekordtempo!

Erdschimmel, die zu den Jochpilzen gehören, zählen zu den am schnellsten wachsenden Pilzen überhaupt – ihre Fäden können sich an einem einzigen Tag bis zu 10 cm verlängern!

Bei Wärme und Feuchtigkeit schimmeln viele Nahrungsmittel sehr schnell

Manche Käsesorten werden mit Edelschimmelsorten versetzt, die ihnen einen besonders leckeren Geschmack verleihen

Manche Schimmel sind nicht besonders giftig oder sogar nützlich – nicht nur zur Erzeugung von Medikamenten, sondern auch im Lebensmittelbereich. Sicher kennst Du beispielsweise Käsesorten mit Edelschimmel. Andere Arten jedoch stellen so viel Gift her, dass ein paar Gramm verschimmelter Nüsse für einen Menschen tödlich sein können. Dabei sieht man es den Nüssen manchmal gar nicht auf den ersten Blick an, dass sie verdorben sind. Wenn eine Nuss also mal komisch schmecken sollte: Schlucke sie besser nicht hinunter, spucke sie lieber aus! Die Schimmel bilden das Gift natürlich nicht, um den Menschen zu schaden. Sie wehren damit Konkurrenten ab, die sich auf derselben Nahrung ansiedeln wollen (siehe das Kapitel „Chemische Waffen", Seite 32).

Das Gift von Schimmelpilzen aus Nüssen ist sehr gefährlich!

Solargetriebene Pilze

Pilze können sich von fast allem ernähren, aber von Luft und Sonne nicht. Deshalb tun sich viele Pilzarten mit Grünalgen und/oder Cyanobakterien zusammen. Diese betreiben nämlich Fotosynthese: Mithilfe von Sonnenlicht, also sozusagen Solarenergie, erzeugen sie aus Wasser und Luft Nährstoffe. So ein Zusammenleben von Pilzen mit ihren Partnern nennt man dann eine Flechtensymbiose. Flechten kennst Du sicher als grüne, gelbe oder anders gefärbte Überzüge beispielsweise auf Ästen oder Mauern. Dabei handelt es sich also immer um „Mischwesen" aus Pilzen und Algen oder Cyanobakterien.

Manche Flechten der Namibwüste sind wunderschön!

Als eine solche Lebensgemeinschaft können Flechten Orte besiedeln, die ansonsten unbewohnbar wären – blanken Fels, Glasscheiben und sogar Metall. Da es an solchen Stellen oft sehr trocken ist, haben Flechten die erstaunliche Fähigkeit entwickelt, zeitweise völlig austrockenen zu können. Dadurch vermochten sie sämtliche Regionen der Erdoberfläche zu besiedeln, von Berggipfeln bis zu Felsen in der Brandung, von Regenwäldern bis zu den trockensten Wüsten der Welt.

Ein Beispiel dafür ist die Namibwüste im Südwesten Afrikas. Zusammen mit der Atacamawüste in Südwestamerika ist sie die trockenste Wüste der Welt – in manchen Jahren regnet es dort gar nicht. Aber durch eine kalte Meeresströmung vor der Küste entsteht regelmäßig Nebel, der ins Landesinnere weht. Dort überzieht er Kies und Steine mit einem dünnen Feuchtigkeitsfilm. Das reicht aus, um üppig Flechten wachsen zu lassen, mit Dutzenden von Arten. An der Küste sind das filigrane Strauchflechten, die mit ihren feinen Ästchen die Nebeltröpfchen aus der Luft kämmen. Weiter im Landesinneren gedeihen Krustenflechten, die schwarze Felsen vulkanischen Ursprungs und weißes Quarzgestein mit einem bunten Teppich bedecken.

Die allermeisten Flechten wachsen extrem langsam, manche nicht einmal einen Millimeter in einem ganzen Jahr. Dafür können sie aber Hunderte von Jahren alt werden und sich daher Zeit lassen, die Steine zu überwachsen.

Viele Flechtenpilze sind nicht dazu imstande, ohne ihre Algen wachsen. Andersherum geht das meistens recht gut. Flechtenpilze verhalten sich daher ein bisschen so wie Pilze, die in Pflanzen wachsen, um sich von ihnen zu ernähren – nur dass bei den Flechten der Pilzanteil überwiegt und den Algen auch Schutz bietet.

Hauptnahrung für Rentiere

Von Flechten gibt es Tausende Arten. Manche sind nur so klein wie ein Stecknadelkopf, andere können meterlang werden und hängen dann wie Bärte von den Ästen der Bäume herunter. In der Arktis ist die Rentierflechte eine wichtige Nahrungsquelle für die umherziehenden Karibus und Rentiere. Natürlich haben auch die zahmen Rentiere diese Flechte zum Fressen gern ...

Selbst in der Namibwüste können Flechten überleben

Vorteil für mich, Vorteil für dich?

Als Symbiose bezeichnet man eine Lebensgemeinschaft aus zwei oder mehreren Arten. In Schulbüchern steht meist, dass bei einer Symbiose alle Partner einen Vorteil ziehen. Aber tatsächlich kann bei einer Symbiose auch nur ein Partner einen Vorteil haben, beispielsweise ein Parasit, der auf Kosten des Wirtes lebt.
Im Fall der Flechten bekommt der Pilz von den Algen oder Cyanobakterien Nährstoffe. Er bietet ihnen dafür zwar Schutz vor Austrocknung und ultravioletter Strahlung, aber die Algen kommen auch gut ohne Pilz zurecht. Der Vorteil bei dieser Lebensgemeinschaft liegt also klar auf Seiten des Pilzes.

Jede Menge Verwendungszwecke

Genau wie Pilze alleine nutzt der Mensch seit Urzeiten auch verschiedene Flechtenarten. Einige davon sind essbar, andere eignen sich als Heilmittel. Das Isländische Moos beispielsweise, das in Wirklichkeit gar kein Moos, sondern eben eine Flechte ist, wird in Hustenmitteln verwendet. Aus einer anderen Flechte wurde ein Antibiotikum entwickelt, also ein Medikament, das gegen krankmachende Bakterien wirkt – so wie Penicillin, das Du ja schon kennst.

Wie bestimmte Pilzarten, von denen Du weiter vorn bereits gelesen hast, eignen sich auch manche Flechten dazu, Farben zu gewinnen und Wolle zu färben. Aus anderen Arten lassen sich Duftstoffe herstellen, die für die Parfümherstellung verwendet werden.

Baumflechten sind sehr eindrucksvoll!

Auch aus Flechten lassen sich Arzneien und Duftstoffe herstellen

Das waldweite Netz

Pilze durchziehen mit ihrem Geflecht alle Böden. Wie Du schon weißt, enthält ein einziger Teelöffel voll Waldboden mehrere Kilometer Pilzgeflecht. Die Pilze leben dabei aber nicht für sich allein, sondern stehen in engem Kontakt miteinander. Und sie verknüpfen auch Bäume untereinander. Diese leben nämlich mit Pilzen eng zusammen, die ihnen Wasser und Nährsalze zur Verfügung stellen. Im Gegenzug bekommen die Pilze von den Bäumen Zucker, um zu wachsen.

Dieses enge Zusammenleben, das eine typische Symbiose ist, hat also für beide Partner Vorteile. Ohne die Pilze ginge es den Bäumen schlecht, da sie nicht genug Nährsalze bekämen, und viele Pilze könnten ohne den Zucker der Bäume gar nicht leben. Man nennt diese Lebensgemeinschaft zwischen Pilzen und Bäumen Mykorrhiza.

Der Austausch der Nährstoffe erfolgt in Wurzeln, die von Pilzgeflecht umwachsen sind. Dort schmiegen sich Pilzfäden vieler Arten eng um die Zellen der Wurzeln und schaffen damit eine große Fläche, an der die Nährstoffe weitergegeben werden. Dabei kann es vorkommen, dass zum Beispiel ein kleiner Buchensämling auch einmal Zucker von der Mutterbuche nebenan bekommt: Über das Netz des Pilzgeflechts im Boden wird der Nährstoff an den Sämling weitergegeben. Die Bäume können sich so gegenseitig unterstützen und der Pilz bekommt später für seine gute Tat vom herangewachsenen Jungbaum Zucker, sobald dieser genug für sich selbst herstellen und etwas abgeben kann.

Das Pilzgeflecht vieler Arten lebt eng mit Baumwurzeln zusammen

Unter dem Mikroskop siehst Du, wie Pilzfäden die winzigen Wurzelspitzen umflechten. Die Wurzelkeulchen auf diesem Bild werden vom Pilz und der Pflanze zusammen gebildet – dort findet der Austausch der Nährstoffe statt.

Links siehst Du junge Zitronenbäumchen, die ohne ihren hilfreichen Mykorrhiza-Pilz heranwuchsen, rechts solche, denen der Pilz zu besserem Wachstum verhalf

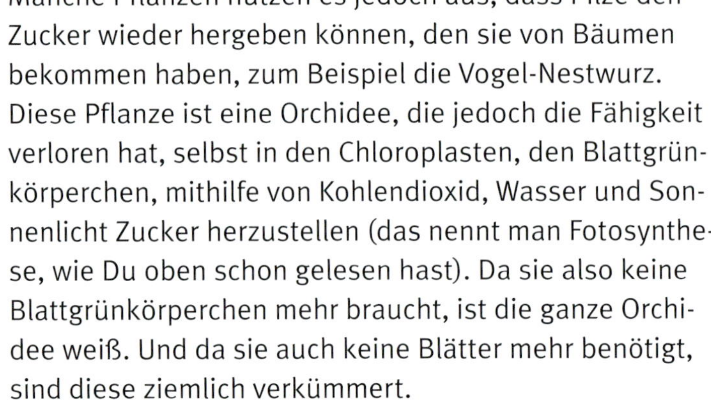

Manche Pflanzen nutzen es jedoch aus, dass Pilze den Zucker wieder hergeben können, den sie von Bäumen bekommen haben, zum Beispiel die Vogel-Nestwurz. Diese Pflanze ist eine Orchidee, die jedoch die Fähigkeit verloren hat, selbst in den Chloroplasten, den Blattgrünkörperchen, mithilfe von Kohlendioxid, Wasser und Sonnenlicht Zucker herzustellen (das nennt man Fotosynthese, wie Du oben schon gelesen hast). Da sie also keine Blattgrünkörperchen mehr braucht, ist die ganze Orchidee weiß. Und da sie auch keine Blätter mehr benötigt, sind diese ziemlich verkümmert.

Die Vogel-Nestwurz ernährt sich allein von den Nährstoffen, die sie von einem Pilz erhält. Daher braucht sie keine Blattgrünkörperchen, um selbst Nährstoffe herzustellen.

Wir sehen nur die Bäume des Waldes. Von den wichtigen Pilzen, die mit ihnen eng zusammenleben, entdecken wir nur manchmal Fruchtkörper, ansonsten bleiben sie uns verborgen.

Um wachsen zu können, muss sich die Orchidee daher den Zucker zum Überleben woanders holen. Wie fast alle Orchideenarten ist auch sie bereits zum Keimen auf die Hilfe eines Pilzes angewiesen. Ihre Samen sind nämlich so winzig, dass sie von sich aus nicht die Kraft hätten, zu einer Pflanze heranzuwachsen. Nach der Keimung braucht sie unbedingt viel Zucker, um gedeihen zu können. Sie gaukelt daher einem Pilz, der mit einem Baum in Symbiose lebt, vor, dass da eine weitere Pflanze ist, von der er Zucker bekommen kann. Aber sobald die Verbindung hergestellt ist, bringt die Pflanze den Pilz dazu, ihr Zucker zu geben und nimmt dem Pilz damit einen Teil dieses kostbaren Nährstoffs, den er von den Bäumen bekommen hat, wieder weg. Nur so kann sie blühen und Tausende Samen herstellen, von denen ein paar wenige wieder zu einer farblosen Orchidee werden.

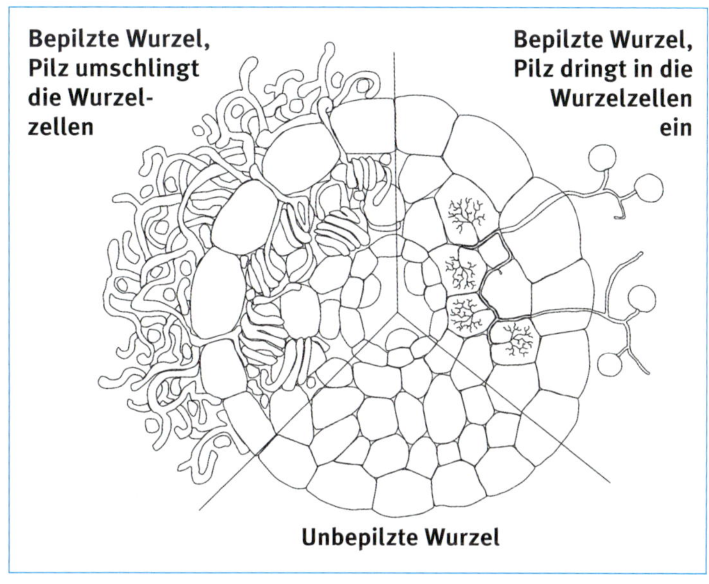

Zwei verschiedene Formen der Mykorrhiza

Giftpilze

Ein sehr bekannter Giftpilz ist der Fliegenpilz, der mit zahlreichen Bäumen in Symbiose leben kann. Glücklicherweise ist er aufgrund seines auffälligen Aussehens kaum mit einem essbaren Pilz zu verwechseln. Sein Verwandter dagegen, der Perlpilz, ist nach dem Kochen ein geschätzter Speisepilz, den man allerdings leicht mit einem hochgiftigen Pilz verwechseln kann, dem Pantherpilz. Während der Perlpilz eine Art gerilltes Halsband trägt und das Fleisch bei Verletzung rötlich wird, ist das Band um den Stiel beim Pantherpilz ohne Rillen und das Fleisch rötet nicht. Ansonsten sehen die Pilze aber fast gleich aus – daher sollten Perlpilze nur von sehr erfahrenen Pilzsammlern geerntet werden!

Der Fliegenpilz ist wohl der bekannteste heimische Giftpilz und der „Pilz des Jahres 2022“

Hochgiftig: der Pantherpilz!

Der essbare Perlpilz sieht dem Pantherpilz extrem ähnlich – Verwechslungsgefahr!

Auch der Knollenblätterpilz sorgt immer wieder für tödliche Vergiftungen, wenn er mit Champignons verwechselt wird – von denen übrigens auch nicht alle Arten essbar sind. Champignons haben aber nie weiße Lamellen, sondern immer rosa bis dunkelbraun gefärbte.

Das sind nicht etwa essbare Champignons, sondern die sehr ähnlichen, aber giftigen Karbol-Champignons

Auch viele Schimmelpilze sind sehr giftig, wie Du schon weißt. Wenn Du also an einem Pilz einen Schimmel siehst, solltest Du ihn auf gar keinen Fall mehr essen. Die meisten Pilzvergiftungen werden gar nicht durch Giftpilze hervorgerufen, sondern durch vergammelte Pilze, die frisch essbar gewesen wären.

Es gibt keine allgemeine Möglichkeit, giftige von ungiftigen Pilzen zu unterscheiden, man muss das für jede einzelne Pilzart lernen. Alle Gerüchte, die dazu kursieren, sind leider Unsinn. So sagt es zum Beispiel gar nichts über die Giftigkeit eines Pilzes aus, ob Tiere ihn anfressen oder nicht. Auch die giftigsten Pilze werden von Schnecken angenagt und von Pilzmückenlarven durchfressen, während manche gute Speisepilze nur selten madig sind, wie etwa der Pfifferling. Auch dass sich Giftpilze beim Anschneiden oder Kochen verfärben und essbare Pilze nicht, ist ein Märchen. So wird beispielsweise der gekocht essbare Hexenröhrling beim Schneiden tiefblau, der tödlich giftige Knollenblätterpilz bleibt beim Zerschneiden aber weiß.

Das Gefährliche bei vielen Giftpilzen ist, dass die Vergiftung sich manchmal erst Tage oder sogar Wochen, nachdem der Pilz gegessen wurde, zeigt, da zum Beispiel ein Organ durch das Gift zerstört wurde. Das fällt aber erst auf, wenn sich dadurch viele Giftstoffe im Körper angesammelt haben. Für eine Behandlung kann es dann schon zu spät sein.

Neben einigen Schimmelpilzen gehört die Gift-Feuerkoralle zu den giftigsten Pilzen der Welt. Sie ist bislang der einzige bekannte Pilz, bei dem schon die Berührung zu einer Vergiftung führen kann. Der Pilz ist in Ostasien beheimatet, wurde aber vor ein paar Jahren auch nach Australien verschleppt. In Europa wurde er noch nicht gesichtet.

Einer der giftigsten Pilze der Welt: die Gift-Feuerkoralle

Auch der Grüne Knollenblätterpilz ist sehr giftig. Leider wird er immer wieder mit Champignons verwechselt.

Nur für Experten!

Im Gegensatz zu Pflanzen gibt es Deutschland keine Pilze, mit denen man sich schon durch bloßes Anfassen vergiften könnte. Allerdings existieren sehr viele stark und sogar tödlich giftige Pilze, weshalb nur solche Menschen Pilze zum Essen sammeln sollten, die sich mit Speise- und Giftpilzen wirklich sehr gut auskennen.

Pilzsachverständige sehen sich gesammelte Pilze gerne an, um sicherzustellen, dass keine giftigen Arten darunter sind

Essbare Pilze

Champignon, Pfifferling und Steinpilz kennt fast jeder als Speisepilze. Obwohl neun von zehn Pilzen, die in Deutschland gegessen werden, Champignons sind, gibt es allein hierzulande Hunderte von Pilzarten, die essbar sind.

Wenn sich Deine Eltern gut mit Pilzen auskennen, kannst Du von ihnen lernen, welche Arten essbar sind

Weil man den Champignon so leicht auf Mist und Stroh wachsen lassen kann, wird er in großen Mengen angebaut. Auch bei Shiitake und Austernseitling geht das recht gut, weshalb Du diese Pilze regelmäßig im Supermarkt kaufen kannst (siehe auch das Extra „Ein Pilzgarten für zu Hause“, Seite 58). In Asien gibt es noch ein paar Pilzarten mehr, die regelmäßig in größeren Mengen gezüchtet werden, wie Samtfußrübling (Enoki) und Reisstroh-Scheidling, die Du in Asiamärkten regelmäßig findest. Bei anderen Pilzen ist das schon schwieriger, oder sie lassen sich nicht so gut aufbewahren und transportieren, weshalb sie dann schnell so teuer sind, dass man sie sich kaum leisten kann.

Die meisten geschätzten Speisepilze lassen sich gar nicht auf einem künstlichen Substrat heranziehen, da sie mit Bäumen in Symbiose leben und auf diese angewiesen sind. Das ist etwa bei Steinpilz oder Trüffel der Fall, bei denen die Alba-Trüffel mitunter mit Gold aufgewogen wird. Allerdings bauen mittlerweile einige Trüffelfans die begehrten Knollen auf Plantagen an. Dazu werden zunächst die Wurzeln junger Bäumchen dazu gebracht, sich vom Geflecht der Pilze umwachsen zu lassen. Wenn das geklappt hat, kann man sie ins Freie pflanzen. Stimmen alle Bedingungen, lassen sich dann nach einigen Jahren die ersten Trüffeln ernten.

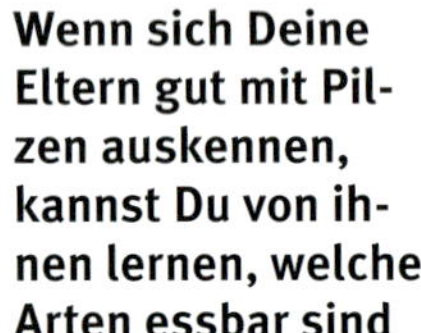

Leckere Pilze passen zu vielen verschiedenen Gerichten!

Um in den Genuss von Steinpilz, Maronenröhrling, Birkenpilz und Eichenrotkappe, Hexenröhrling, Reizker, Perlpilz und Kaiserling zu kommen, muss man sich also selbst auf die Suche begeben. Dass sollte aber nur unter Anleitung eines versierten Pilzkenners erfolgen. Man kann auch einen Pilzsachverständigen bitten, sich die Funde näher anzusehen, um auf Nummer sicher zu gehen. Gut ausgebildete Pilzsachverständige findest Du auf der Website der Deutschen Gesellschaft für Mykologie (www.dgfm-ev.de). Das Wort Mykologie bedeutet „Pilzkunde".

Hunde lassen sich dazu abrichten, die kostbaren, wohlschmeckenden Trüffeln zu finden

Beim Sammeln sollte man immer nur junge und feste Pilze mitnehmen. Wenn ein Pilz schon weich ist und die Fruchtschicht Verfärbungen zeigt, sollte er stehen gelassen werden, da er wahrscheinlich schon madig und vielleicht auch vergammelt und daher giftig sein kann. Wie schon erwähnt, ist es übrigens gleichgültig, ob man einen Pilz herausdreht oder abschneidet – die Pilze sind ja wie die Früchte eines Baumes, der eigentliche Pilz bleibt also im Boden oder im Holz und wächst weiter. Da aber oft die Stielbasis für die Bestimmung wichtig ist, ist es sicherer, den ganzen Pilz zu pflücken.

Pilze enthalten oft große Mengen an Mineralstoffen und Vitaminen, sind kalorienarm und ballaststoffreich und gehören daher zu einer gesunden und ausgewogenen Ernährung.

Würzpilze

Wenig bekannt ist, dass es neben den „normalen" Speisepilzen auch einige Würzpilze gibt, wie den in manchen Regionen Frankreichs geschätzten Echten Knoblauchschwindling. Dieser hat ein intensives Aroma nach Knoblauch, das sich auch beim Trocknen nicht verliert.

Ohne Pilz kein Brot!

Fast alle Menschen in Deutschland essen jeden Tag Pilze, denken dabei aber gar nicht an sie. Ohne die Arbeit von Pilzen gäbe es nämlich weder Toast noch Brötchen, keine Laugenbrezel, keine Pizza und kein Roggenmischbrot. In all diesen Backwaren sind die mikroskopisch kleinen Hefepilze am Werk.

Die Bäckerhefe ist der weltweit am meisten genutzte Pilz. Mit seiner Hilfe werden Waren im Wert von Milliarden Euro hergestellt. Im Brotteig eingeschlossen, ernähren sich Zellen der Bäckerhefe vom Zucker im Mehl und stellen dabei als Abfall jede Menge Kohlendioxid her. Die Hefen pupsen gewissermaßen die Löcher ins Brot und machen es so luftig und weich.

Hier siehst Du Hefezellen unter dem Mikroskop

Verkauft wird Bäckerhefe frisch (oben) oder getrocknet (unten)

Wann genau die Menschen die Bäckerhefe das erste Mal gezielt benutzt haben, ist nicht genau bekannt. Sicher ist jedoch, dass sie schon in der Jungsteinzeit verwendet wurde, um Brot und Bier herzustellen. Damit sind die Pilze ähnlich früh durch den Menschen „gezähmt“ worden wie Gerste und Kühe. Woher genau die Bäckerhefe stammt, ist unklar. Da Hefe aber in geringen Mengen fast überall vorkommen kann, wo Zucker vorhanden ist, war es wahrscheinlich einfach ein glücklicher Zufall, dass sie irgendwann in einem Mehlbrei landete und dort mit ihrer Arbeit begann.

Die typischen Blasen im Teig stammen von der Hefe darin

Ohne Hefe keine Pizza!

Gib ihr Zucker!

Bei ihrer Arbeit stellen die Hefen auch Alkohol her. Dieser verflüchtigt sich jedoch beim Backen weitgehend, sodass Brot selbst von Kleinkindern problemlos gegessen werden kann. Für die Herstellung von Bier und Wein wird die Fähigkeit der Hefen, Alkohol zu produzieren, aber gezielt genutzt. Dazu müssen sie mit größeren Mengen an Zucker gefüttert werden.

Biotechnologie

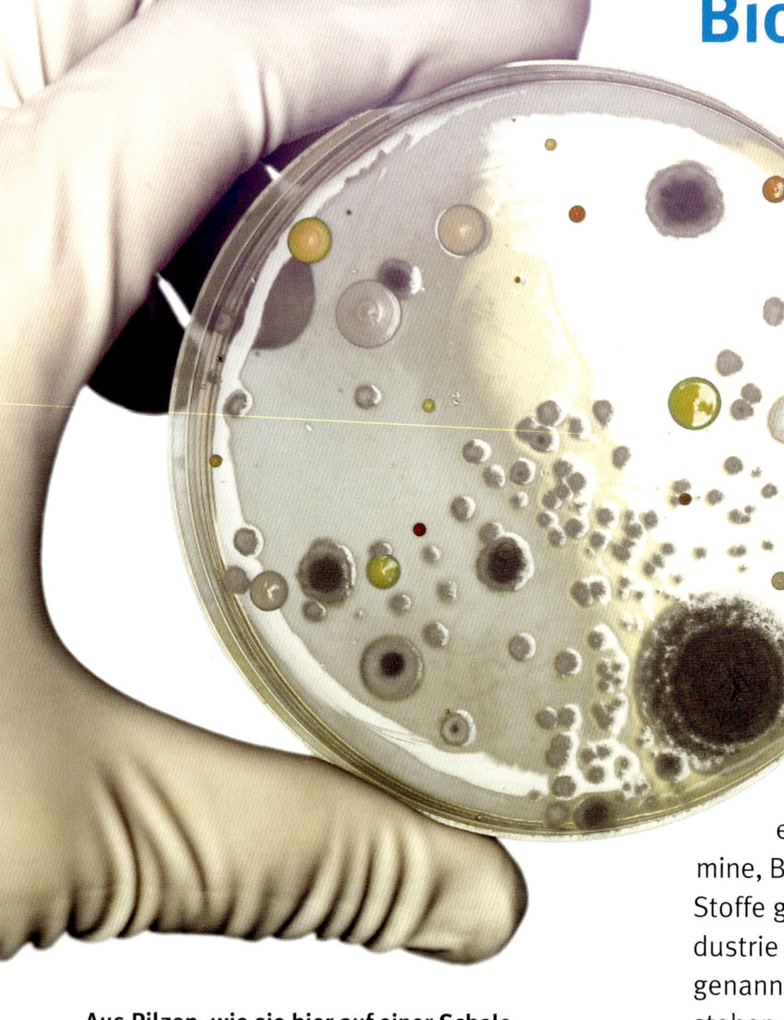

Aus Pilzen, wie sie hier auf einer Schale im Labor wachsen, lassen sich lebensrettende Medikamente herstellen

Pilze sind als wahre Alleskönner in der Biotechnologie sehr gefragt. Mit Hefen werden Alkohole für Desinfektionsmittel, Lebensmittelproduktion und als Benzinzusatz hergestellt, aber auch Butanol, das ebenfalls in Verbrennungsmotoren genutzt werden kann.

Mithilfe genetisch veränderter Hefezellen lassen sich manche lebensrettenden Medikamente günstig erzeugen, zum Beispiel das Hormon Insulin, auf das zuckerkranke Menschen weltweit angewiesen sind. Aus anderen Hefen werden ebenfalls Medikamente, aber auch Vitamine, Beschichtungen, Aromastoffe und solche Stoffe gewonnen, die in der chemischen Industrie weiterverarbeitet werden können, sogenannte Plattformchemikalien. Daraus entstehen abbaubares Plastik und vieles mehr.

Mit Pilzfäden wachsende Arten werden ebenfalls vielfältig genutzt. Manche davon

Mithilfe von Hefepilzen werden Alkohole produziert, die als Zusatz für Benzin dienen

Auch in Waschmitteln stecken Stoffe, die aus Pilzen gewonnen wurden

landen als Fleischersatz auf dem Teller, andere können Baumaterialien, bruchsichere Verpackungen und Säuren herstellen. Wie Du schon weißt, wird beispielsweise die meiste Zitronensäure nicht aus Zitronen gewonnen, sondern aus einem Schimmelpilz. Dieser wird dafür in riesigen Behältern herangezogen, sogenannten Fermentern.

Auch viele der Eiweiße, die andere Stoffe abbauen oder herstellen können, die sogenannten Enzyme, werden von Pilzen produziert. Der Mensch nutzt sie bei der Papierherstellung, sie finden sich aber auch in Waschmitteln und vielen Lebensmitteln. Ein Beispiel dafür ist das mikrobielle Lab, das genutzt wird, um Milch dickzulegen und Käse entstehen zu lassen. Dabei wird ein Milcheiweiß gespalten, sodass die Milch verklumpt und die Molke abgetrennt werden kann. Durch die Nutzung von mikrobiellem Lab kann man auf tierisches Lab verzichten, das meist aus den Mägen von Kälbern gewonnen wird.

Pilze helfen also, Dinge für den Alltag herzustellen, die uns das Leben erleichtern. Ständig werden neue Möglichkeiten gefunden, wie wir die unerschöpfliche Vielfalt der Pilze nutzen können.

Duftstoffe in Parfüms können durchaus von Pilzen stammen

Ein vegetarischer Hamburger. Statt Fleisch wurden hier Pilze verarbeitet.

Leckere Pilze zu Hause anzubauen, macht riesig Spaß!

Extra: Ein Pilzgarten für zu Hause

Zahlreiche wohlschmeckende Pilze kannst Du auch zu Hause und im Garten heranziehen. Dafür eignen sich unter anderem Austernseitling, Shiitake, Enoki und Champignon.

Von all diesen und einigen weiteren Pilzen sind bereits fertige Anzuchtsets von Pilzzüchtern im Handel. Viele haben auch einen Online-Shop und versenden ihre Ware. Solche Komplettsets sind ein guter Anfang, um die Entwicklung und das Wachstum der Pilze zu erleben. Die schnellsten Ergebnisse liefern dabei Anzuchtboxen für Champignons. Sie enthalten meist schon komplett besiedelten Kompost und müssen dann nur noch mit Erde bedeckt und ab und zu mit einer Sprühflasche bewässert werden, damit die Erde schön feucht bleibt. Schon nach ein paar Tagen zeigen sich dann die ersten Pilzknospen an der Oberfläche, die rasch zu fertigen Fruchtkörpern auswachsen.

Hier werden Hölzchen mit Pilzgeflecht in ein spezielles Substrat gesteckt, damit darin Pilze wachsen können

Auch für verschiedene Austernseitlinge gibt es sehr gute Fertigansätze, die man in der Regel nur noch anstechen und an einem nicht zu warmen und trockenen Ort aufstellen muss. Auch hier zeigen sich bereits nach wenigen Tagen die ersten Fruchtkörperansätze. Wichtig ist, dass die sich entwickelnden Pilze nicht austrocknen, weshalb es sinnvoll sein kann, den Anzuchtblock in einen großen Karton zu geben und lose mit einer Folie abzudecken.

Shiitake-Ansätze sind ebenfalls erhältlich. Da der Shiitake weniger anfällig gegen Austrocknung ist, kann man die mit dem Pilz angeimpften Hölzer auch an einen schattigen Platz im Garten stellen. Allerdings brauchst Du beim Shiitake etwas mehr Geduld. Selbst bei gut durchwachsenem Holz dauert es manchmal ein paar Wochen, bis sich die ersten Fruchtkörper bilden. Das Warten lohnt sich aber auf jeden Fall, da der Shiitake sehr gut schmeckt!

Wenn man etwas mehr selbst machen möchte, kann man sich auch Pilzbrut bestellen und mit selbst hergestelltem Substrat vermischen, zum Beispiel aus Stroh, Kaffeesatz und Sägespänen. Es gibt auch einige Pilze, bei

Lecker!
Selbst gezogene Zitronenseitlinge haben einen besonders feinen Geschmack.

Auf Pilzfarmen werden verschiedene Arten angebaut und zum Verkauf angeboten

denen man die Pilzbrut direkt in Löcher in einem Baumstumpf stopfen kann, um später Pilze ernten zu können. Dazu sind bei vielen Herstellern von Pilzbrut umfangreiche Anleitungen erhältlich. Die Anzucht aus Pilzbrut ist zwar etwas aufwendiger und es dauert länger, bis Du ein Ergebnis siehst, dafür ist sie aber preisgünstiger und Du kannst oft verfolgen, wie sich die Pilzfäden ausbreiten.

Wer noch experimentierfreudiger ist, kann auch die Pilzbrut selbst herstellen. Da man dafür aber sehr sauber arbeiten muss, damit Bakterien und Schimmelpilze die Brut nicht verderben, braucht man hierfür mehr Ausrüstung und Platz – dafür sind die Kosten letztlich jedoch noch geringer. Außerdem lassen sich alle Entwicklungsschritte von der Spore bis zum fertigen Pilz beobachten. Auch hierfür gibt es bei Pilzzüchtern zahlreiche Anleitungen.

Was manchmal auch klappt: Einfach einige Lamellen von Shiitake oder Austernseitling mit Leinfasern (gibt es in der Tierhandlung) und ein paar Haferflocken vermischen und leicht anfeuchten. Danach das Gemisch in tiefe Bohrlöcher in einem Stück Baumstamm füllen und diese mit einem gerollten Stückchen Papiertaschentuch fest verschließen. Anschließend den fertig angeimpften Stamm an einem schattigen und feuchten Ort aufstellen – und mit etwas Glück kannst Du nach ein paar Monaten die ersten Pilze ernten!

Großes Pilze-Quiz

Du weißt jetzt sehr viel über Pilze, ja, Du bist ein richtiger Experte auf diesem Gebiet geworden! Wenn Du Lust hast, kannst Du einmal ausprobieren, was Du Dir alles gemerkt hast. Kreuze bei jeder Frage eine Antwort mit dem Bleistift an und schau am Schluss auf Seite 64 nach, ob Du richtig getippt hast. Auch mehrere Antworten können stimmen – und in einem Fall ist keine korrekt. Und nun viel Spaß!

1. Wie lange gibt es schon Pilze auf unserer Erde?

a) Seit einer Million Jahren .... ❍
b) Seit einer Milliarde Jahren .... ❍
c) Seit einer Billion Jahren .... ❍

2. In einem einzigen Teelöffel Waldhumus befinden sich ...

a) ... mehrere Zentimeter Pilzfäden .... ❍
b) ... mehrere Meter Pilzfäden .... ❍
c) ... mehrere Kilometer Pilzfäden .... ❍

3. Eine Pilzvergiftung ...

a) ... merkt man meist schon nach ein paar Minuten .... ❍
b) ... bemerkt man manchmal erst nach Wochen .... ❍
c) ... kann man schon durch das Berühren eines Knollenblätterpilzes bekommen ❍

4. Warum leuchten manche Pilze im Dunklen?

a) Damit sie besser sehen können, wohin sie wachsen .... ❍
b) Um giftige Produkte zu entsorgen, die beim Abbau von Holz entstehen .... ❍
c) Um besser von Schnecken gefunden zu werden .... ❍

5. Welche der folgenden Stoffe können Pilze herstellen?

a) Zitronensäure .... ❍
b) Autokraftstoff .... ❍
c) Antibiotika .... ❍

6. Auf der Erde gibt es vermutlich mehr als eine Million Pilzarten – wie viele davon sind noch nicht entdeckt worden?

a) 9 von 10 .... ❍
b) 3 von 10 .... ❍
c) eine von 10 .... ❍

7. Das, was wir normalerweise als Pilz bezeichnen, wenn wir es beispielsweise im Wald sehen, ist ...

a) ... nur der Stamm des eigentlichen Pilzes .... ❍
b) ... nur die Frucht des eigentlichen Pilzes .... ❍
c) ... schon der gesamte Pilz .... ❍

8. Wir schnell wachsen die meisten Flechten?

a) Extrem langsam, manche nicht einmal einen Millimeter pro Jahr .... ❍
b) Ungefähr einen Millimeter am Tag ..... ❍
c) Sehr schnell, sie überwuchern alles innerhalb weniger Minuten .... ❍

9. Welches Lebensmittel wird nicht mithilfe von Pilzen hergestellt?

a) Brot .... ❍
b) Marzipan .... ❍
c) Käse .... ❍

10. Wie kann man Giftpilze erkennen?

a) Giftpilze werden nie von Schnecken oder Mäusen angeknabbert .... ❍
b) Giftpilze schmecken ekelig .... ❍
c) Giftpilze verfärben sich in der Pfanne blau oder grün .... ❍

11. Woraus keimen Pilze aus?

a) Aus Sporen .... ❍
b) Aus Samen .... ❍
c) Aus Lamellen .... ❍

12. Den größten Fruchtkörper mit Stiel und Hut bildet der ...

a) ... Austern-Ameisenpilz ...... ❍
b) ... Berggeist-Bienenpilz ...... ❍
c) ... Titanen-Termitenpilz ...... ❍

13. Warum bilden manche Pilze eine so klebrige, stinkende Masse?

a) Um damit Insekten anzulocken, die dann ihre Sporen verbreiten .... ❍
b) Um anderen Pilzen durch den Geruch zu signalisieren, dass sie hier nicht wachsen sollen .... ❍
c) Damit Menschen sie nicht ernten, um sie zu essen ...... ❍

14. Welcher Pilz stammt eigentlich aus Neuseeland und Australien, wurde aber nach Mitteleuropa eingeschleppt?

a) Der Oktopus-Pilz .... ❍
b) Der Kraken-Pilz .... ❍
c) Der Tintenfisch-Pilz .... ❍

15. Wie heißt das berühmteste Medikament, das aus einem Pilz gewonnen wurde?

a) Michelin .... ❍
b) Paraffin .... ❍
c) Penicillin .... ❍

16. Mit welchem Pilz kann man ganz leicht Feuer machen?

a) Mit dem Zunderschwamm .. ❍
b) Mit dem Badeschwamm ..... ❍
c) Mit dem Schimmelschwamm ❍

17. Warum füttern und pflegen Blattschneiderameisen ein Pilzgeflecht in ihrem Nest?

a) Sie ernähren sich von diesem Pilz .... ❍
b) Wenn der Pilz wächst, erzeugt er Wärme, und das lieben die Ameisen .... ❍
c) Es ist ein Leuchtpilz, somit haben die Ameisen es in ihrem ansonsten dunklen Nest schön hell .... ❍

18. Flechten sind Lebensgemeinschaften aus ...

a) ... Pilzen und Rotalgen und/ oder Salmonellen .... ❍
b) ... Pilzen und Grünalgen und/ oder Cyanobakterien .... ❍
c) ... Pilzen und Moosen und/oder Colibakterien .... ❍

19. Eine Lebensgemeinschaft, in der zwei oder mehrere Partner verschiedener Arten eng zusammenleben, heißt:

a) Symbiose .... ❍
b) Syndesmose .... ❍
c) Synthese .... ❍

20. Der für den Menschen wichtigste Pilz ist:

a) Der Brauerchampignon ...... ❍
b) Der Metzgerporling .... ❍
c) Die Bäckerhefe .... ❍

Lösungen zum Pilze-Quiz:

1) b: Die ältesten Versteinerungen von Pilzen sind rund eine Milliarde Jahre alt.

2) c: In einem einzigen Teelöffel Waldhumus können sich mehrere Kilometer feinster Pilzfäden verbergen.

3) b: Bei einigen Giftpilzen kann es Wochen dauern, bis man die Vergiftung wahrnimmt, da die Schädigung von Organen oft erst bemerkt wird, wenn sie schon weit fortgeschritten ist.

4) b: Bei einigen leuchtenden Pilzen entsteht Licht, wenn sie eine giftige Sauerstoffverbindung entsorgen.

5) a,b,c: Pilze können Zitronensäure, Autokraftstoff und Antibiotika produzieren.

6) a: Vermutlich wurden 9 von 10 Pilzarten noch nicht entdeckt, also 90 Prozent!

7) b: Was wir im Wald als Pilz wachsen sehen oder im Supermarkt kaufen, ist nur die Frucht des eigentlichen Pilzes, der als Geflecht lebt.

8) a: Viele Flechten wachsen nicht einmal einen Millimeter pro Jahr.

9) b: Für die Herstellung der meisten Brote benötigt man Hefepilze und für zahlreiche Käsesorten benutzt man mikrobielles Lab aus Pilzen für die Herstellung. Darüber hinaus sind Pilze auch für die Reifung der meisten Käsesorten wichtig. Marzipan dagegen kommt ohne Pilze aus.

10) – Keine der Antworten ist richtig! Jeden einzelnen Giftpilz muss man sich genau einprägen, um ihn von essbaren Arten unterscheiden zu können. Dazu benötigt man jahrelange Erfahrung, und eine Abkürzung dazu gibt es leider nicht.

11) a: Pilze keimen aus ihren winzigen Sporen aus.

12) c: Den größten Fruchtkörper der Welt mit Stiel und Hut bildet der afrikanische Titanen-Termitenpilz.

13) a: Beispielsweise die Stinkmorchel lockt durch ihren Gestank Insekten an, die dann ihre Sporen verbreiten.

14) c: Der Tintenfisch-Pilz stammt ursprünglich aus Australien und Neuseeland, ist aber mittlerweile in Europa auch zu Hause, weil er hier eingeschleppt wurde und sich sehr wohl fühlt.

15) c: Penicillin ist das berühmte Antibiotikum aus Pilzen, das Millionen Menschen das Leben rettete.

16) a: Der Zunderschwamm brennt eben „wie Zunder“!

17) a: Blattschneiderameisen ernähren sich vom Pilz, den sie in ihrem Nest kultivieren.

18) b: Flechten sind eine Lebensgemeinschaft aus Pilzen und Grünalgen und/oder Cyanobakterien.

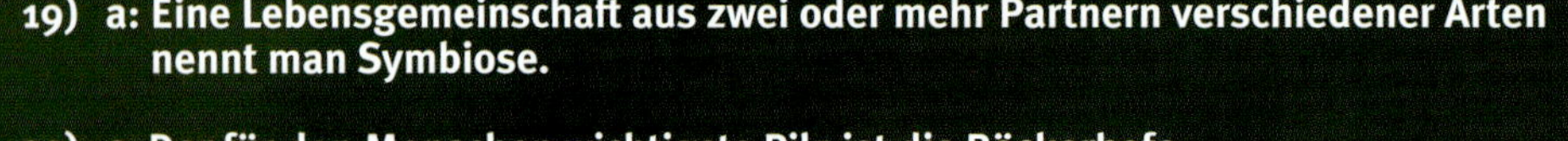

19) a: Eine Lebensgemeinschaft aus zwei oder mehr Partnern verschiedener Arten nennt man Symbiose.

20) c: Der für den Menschen wichtigste Pilz ist die Bäckerhefe.

Entdecke die Reihe mit der Eule!

Entdecke die Eulen

Entdecke die Greifvögel

Entdecke die Geier

Entdecke die Rabenvögel

Entdecke die Spechte

Entdecke die Finken

Entdecke die Spatzen

Entdecke die Eisvögel

Entdecke die Zugvögel

Entdecke die Singvögel

Entdecke die Meisen

Entdecke die Kraniche

Entdecke die Störche

Entdecke Schwäne, Gänse & Enten

Entdecke die Möwen

Entdecke die Pinguine

Entdecke die Papageien

Entdecke die Kolibris

Entdecke die Fledermäuse

Entdecke die Hunde

Entdecke die Kühe

Entdecke die Pferde

Entdecke die Esel

Entdecke die Nagetiere

Entdecke die Igel

Entdecke die Waschbären

Entdecke die Biber

Entdecke die Otter

Entdecke heimische Wildtiere

Entdecke die Wölfe

Entdecke die Bären

Entdecke die Tiger

Entdecke die Menschenaffen

Entdecke Affen und Lemuren

Entdecke die Pandas

Entdecke die Elefanten

Entdecke die Nashörner

Entdecke die Erdmännchen

Entdecke die Beuteltiere

Natur und Tier - Verlag GmbH
An der Kleimannbrücke 39/41 · 48157 Münster
Telefon: 0251 - 13339-0 · Fax: 0251 - 13339-33
E-Mail: verlag@ms-verlag.de · www.ms-verlag.de